近現代ヨーロッパの歴史

―人の移動から見る―

北村暁夫・中嶋　毅

近現代ヨーロッパの歴史（'22）

©2022　北村暁夫・中嶋　毅

装丁・ブックデザイン：畑中　猛

s-54

まえがき

　放送大学では，ヨーロッパの歴史は，これまで中世から近代まで通史の形で提供されてきました。2021年度から開講された『都市から見るヨーロッパ史』は，都市という一つのテーマを軸にヨーロッパの歴史を考えるという点で従来の形にならいつつ，中世から近世までを主たる対象時期としています。これに対して，本科目は19世紀から今日までの近現代史を主たる対象としたうえで，「人の移動」というテーマを軸にヨーロッパ史を講じるものです。

　人類が誕生して以来，人の空間的な移動は，いかなる時代，いかなる地域でも見られる現象であり，人が社会を形成していくうえで欠かすことのできない普遍的なものです。そのなかでも，世界に先駆けて近代的な産業社会，都市社会を生み出した19世紀以降のヨーロッパでは，膨大な数の人々が移動を経験しました。ヨーロッパの内部において，また，ヨーロッパからその外の世界へ，さらにはヨーロッパの外からヨーロッパへと，移動の方向はきわめて多様でした。移動を経験した人々も，豊かな生活を求めて移動したいわゆる移民だけではなく，自らの知的・芸術的な形成の場を求めて移動した知識人や芸術家，政治的・社会的・宗教的な迫害から逃れるために移動を余儀なくされた亡命者や難民など，さまざまな社会階層に属する人々がそれぞれの事情で移動しました。こうした多様な人の移動を通じて，近現代ヨーロッパはダイナミズムに富んだ社会と歴史を生み出していったのです。

　今回，「人の移動」というテーマを軸にすることにしたのは，主任講師（北村と中嶋）の2名がいずれも，人の移動にかかわる研究を行ってきたことによります。ただ，主任講師の2名はイタリアとロシア（ソ

4

連）という，日本のヨーロッパ史研究において必ずしも中心的なところに位置していない国・地域を主たる研究対象としているため，イギリス史（後藤），ドイツ史（西山），フランス史（前田）を主たる研究対象としている3名の客員講師の参加をお願いすることにしました。とはいえ，「人の移動」というテーマを軸としているため，いずれの章においても，特定の一国だけが対象となることはありません。その意味では，本科目は近現代ヨーロッパを主たる対象としているとはいえ，近年注目を浴びているグローバル・ヒストリーの一環であるとも言えるのです。

2020年初頭に始まる新型コロナウイルスCovid-19の世界的流行は，世界の状況を一変させました。これまで耳にしたことのなかった「人流」という言葉が，「物流」と並ぶ日常語となりました。本科目の企画を立てた時にはこのような状況が訪れるとは予想だにしていませんでしたが，「人の移動」を問うことはますます今日的な課題になりました。

本科目の作成にあたり，海外取材（ロケ）もこの感染症の世界的流行という事態のなかで早々に断念せざるを得ませんでした。しかし，放送教材では，可能な限りの資料図像や映像の提示を通じて，近現代ヨーロッパ史の魅力をお伝えしたつもりです。

最後になりましたが，印刷教材の編集でお世話になった金子正利さん，放送教材の制作で尽力いただいたプロデューサーの草川康之さんとディレクターの岩崎真さん，尾田晶子さんに深く感謝いたします。

2021年10月

北村暁夫・中嶋　毅

目 次 ▎

1 | 序論：人の移動から見る近現代ヨーロッパ史

北村暁夫・中嶋　毅

《**目標＆ポイント**》　人の空間的移動は，太古より人類社会において常に行われてきた営為であるが，時代や地域による特徴は存在する。そこで，近現代ヨーロッパにおける人の移動の特質を理解するために，どのような視点や方法がありうるか，考察する。また，第2章以降の内容をよりよく理解するために，19世紀と20世紀の人の移動をめぐる特質について概観する。
《**キーワード**》　人口，経済成長，戦争，帝国と国民国家，植民地主義と脱植民地主義

1．現代における人の移動

（1）感染症の拡大と人の移動

　2020年初頭以降，新型コロナウイルスCovid-19が世界的な流行を見せた。通常のインフルエンザなどに比べ感染力が強く，重症化する比率も高いことが次第に明らかになると，治癒策や治療薬，予防接種のワクチンも存在しないなかで，多くの国にとってとることのできる手段は人々の接触をできる限り減らすための方策であった。欧米諸国では「ロックダウン」の名のもとに強制力をともなった外出規制が発動し，街角から人の姿が消える事態が現出した。日本ではそこまで強力な規制はなされなかったが，緊急事態宣言の発出により外出の自粛が求められ，対外的には外国人の入国が厳しく制限されたことによって，それまで数年間にわたって右肩上がりで増加を続けてきた外国人観光客が激減するにいたった。

図1-1 ロックダウンにより人影が消えた街角（イギリス）
〔ユニフォトプレス〕

歴史的に見れば，これまでも感染症が流行した時に感染拡大を防止するために人の移動を制限するということは，頻繁に実施された措置である。英語で「検疫」を意味する 'quarantine' という言葉は，もともとイタリア語で「40」を意味する言葉から派生し，中世のヴェネツィア共和国がペストをはじめとする感染症の流入を阻止するために，港において感染が疑われる人物を 40 日間隔離したことに由来している。他の有効な対処法が見つからない時に人の移動を制限することで対応するというのは，前近代社会においても 21 世紀の今日でもほとんど変わらないのである。直近の新型コロナウイルス感染症の世界的流行は，そうした感染症と人の移動との関係をよく表している。

（2）シリア難民をめぐる諸相

2011 年のいわゆる「アラブの春」の動きの一環として生じたシリア国内における反政権派とアサド政権との対立は，次第に武力衝突・内戦

図1-2　国外脱出を図るシリア難民
〔ユニフォトプレス〕

へと発展し，そこに周辺諸国が複雑な形で介入することにより，内戦は
泥沼化の様相を呈した。内戦を避けるために人々はそれまで暮らしてい
た土地から脱出し，内戦開始以前に2200万人を数えたシリアの人口の
半数以上が国内外で難民化していった。

　国外に脱出したシリア難民はトルコ，レバノン，ヨルダン，イラクと
いった近隣諸国に向かったが，そのなかでもトルコが最も多くのシリア
難民を抱えることになった。ただし，トルコに向かったシリア難民の大
半はトルコを最終目的地にしていたわけではなく，彼らは西欧諸国で居
住するための経由地として，その最も近道となるトルコに入ったのであ
る。とりわけ2015年には，シリア難民のみならずアジア・アフリカ出
身の難民・移民が，トルコや他の地中海諸国を経由してヨーロッパ諸国
に殺到した。その数は1年間で100万人に達し（そのうちの50パーセ
ントあまりがシリア難民であった），ヨーロッパ諸国はその対応に追わ
れた。「欧州難民危機」と呼ばれる事態である。

　2015年という年は，2008年に起きたリーマンショックとそれをきっ

かけとして 2010 年から深刻化したギリシア，スペイン，イタリアをは
じめとするヨーロッパ諸国の金融・財政危機の爪痕が色濃く残る時期で
あった。そのためヨーロッパ経済を牽引するドイツはこうした難民・移
民の受け入れに積極的であったものの，他のヨーロッパ諸国は受け入れ
に及び腰であったり，あるいは明確に拒絶の姿勢を示していたりした。
ドイツのメルケル政権は過去の歴史的経験（ナチズムや東西ドイツの統
一）に対する反省から人道的に難民・移民を受け入れる姿勢を明らかに
していたが，教育水準の比較的高いシリア人の受け入れが慢性的な労働
力不足の状況にあったドイツ経済にとって有益である，と判断する人々
がドイツ国内に多く存在したことも，政権の判断を後押ししたと考えら
れる。

　だが，ドイツ政府のそうした姿勢を批判する国や政治勢力も存在して
いた。とりわけ強硬な態度を示したのが，政権への権力の集中を高めつ
つあったハンガリー政府である。ハンガリーはセルビアとの国境を封鎖
し，さらには全長 175 キロメートルに及ぶフェンスを建設することによ
り，東方から到来する難民・移民の流入を排した。ドイツを中心とする
西ヨーロッパ諸国を目指す難民・移民たちにとって，ハンガリーはセル
ビアなどと同様に通過国であったが，治安・公衆衛生の観点から彼らの
入国の阻止を図ったのである。また，通過国といっても，西ヨーロッパ
諸国が難民・移民の流入を制限すれば，ハンガリー国内に相当数の難
民・移民が滞留する可能性も否定できないため，そうした事態を未然に
防ぐための措置でもあった。

　ハンガリー政府の対応は最も極端な形であったが，難民・移民の流入
に反対する政治勢力の台頭はこの時期には著しかった。結局，EU とト
ルコ政府との合意により，シリア難民をトルコ国内で収容するように努
めたことで，2016 年以降，難民・移民のヨーロッパへの大量流入は止

み，ヨーロッパ諸国における難民・移民排斥を主張する政治勢力の伸長も止まることになった。

　なお，ここまで「難民・移民」という言葉を多用してきた。難民は政治的・社会的・宗教的な理由によって国境を越える人々，移民は主として経済的な理由により国境を越える人々と定義することができるが，実際には両者を明確に区分することは困難である。たとえば，戦火を逃れてシリアからトルコに移動した人々は「難民」と規定することができるであろうが，彼らがよりよい生活を求めて西ヨーロッパ諸国に向かうとすれば，彼らはそれでも「難民」なのであろうか，それとももはや「移民」と規定すべきなのであろうか。西ヨーロッパ諸国が人道的な観点から難民の流入には比較的好意的であったものの，難民と自称する移民が多数含まれていると主張して受け入れに反対する政治勢力がこの時期に伸長したのも，そうした事情を背景としている。

（3）人の移動と歴史研究

　現代世界における人の移動にかんする二つの事例を概観してきた。移動は人類社会において太古の時代から行われてきた営為であり，人間が行う基本的な営為の一つである。それゆえ，いかなる時代や地域であれ，歴史を記述すればそこには必ず何らかの形で人の移動にかんする言及が含まれることになる。それは近現代のヨーロッパについても同様である。

　「近現代ヨーロッパの歴史――人の移動から見る」と題する本科目は，人間の営為の一つである移動について着目しつつ，近現代ヨーロッパ史を概観するものである。すなわち，人の移動は近現代ヨーロッパ史を理解するための一つの方法論である。徹底的に人の移動にこだわることによって，これまでの歴史記述・歴史理解とはいくらか異なるものを

提示できれば，その目的は達成されたということになるであろう。

2. 19世紀における人の移動の諸相

（1）ヨーロッパの「長い19世紀」

　ヨーロッパ史研究では，フランス革命（一般的には1789年に開始したとされる）から第一次世界大戦の勃発（1914年）までの時期をしばしば「長い19世紀」と呼ぶ。この時期は，産業革命と市民革命によって，それまでの封建的な体制が解体され，国民国家の原理のもとに近代国家・近代社会が形成されるとともに，植民地主義によってヨーロッパが世界に覇を唱えた時期であると総括されてきた。

　ただ，近年の研究では，世界に先駆けて近代国家・近代社会を形成してきたとされてきたヨーロッパにおいても，「近代化」の道のりは決して平坦な道のりではなかったことが強調される傾向にある。

　実際に，フランス革命のなかで提唱された「自由・平等・友愛」という理念が，フランスにおいて真に定着するのは19世紀後半の第三共和政の時期であった。憲法もフランスではナポレオン戦争後の王政復古体制でも維持されたが，他の大陸諸国では立憲政治は19世紀前半を通じて徐々に確立されていくことになった。国民国家の形成にかんしても，軍制や教育制度の普及などによって民衆レベルで国民意識が浸透していくのは，多くの諸国で19世紀後半のことであった。

　フランス革命のなかで実施された封建的な諸特権の廃止も，国によっては19世紀半ばまで実現されなかった。また，産業革命の開始・進展も国によって一様ではなく，イギリスに比べて100年以上も遅れて産業革命が始まった国も存在していた。また，同一国家のなかでも，産業革命によって工業化が進展した地域と工業化から取り残された地域が存在し，両者の間の経済的な格差は19世紀を通じて拡大する傾向にあっ

た。工業化から取り残された地域のなかには，過疎化や耕作放棄によって荒廃するところもあった。

　また，近年の研究において，16〜18世紀の近世国家をさまざまな異質な要素から構成される「礫岩国家」あるいは「複合国家」ととらえる理解が登場したことにより，この近世国家的な特徴を有した国家群が19世紀においてもなお，ヨーロッパに残存していたことが指摘されている。オーストリア（ハプスブルク）帝国やロシア帝国に代表されるこうした国家においては，国民国家化の動きはしばしば特定の民族集団（ドイツ語話者やロシア人）の優越をもたらし，それに抵抗する諸民族集団との間に複雑な関係を構築していった。

　最後に，19世紀後半はヨーロッパ諸国がアジアやアフリカを中心として世界を分割し，植民地化することに熱狂した時代であった。大帝国を築いたイギリスを筆頭に，18世紀に植民地獲得をめぐるイギリスとの抗争に敗れて捲土重来を期したフランス，カリブ海域や東南アジアに植民地を保持したオランダ，アフリカや中南米などに植民地を維持したスペイン，ポルトガル，小規模ながらカリブ海域に植民地を領有していたデンマークに加え，19世紀に成立した新興国家としてアフリカや東アジアでの植民地獲得を目指したベルギー，イタリア，ドイツといった諸国がこの争いに参加した。それはヨーロッパの他の世界に対する優越を誇示する営為ではあったが，同時に，文化的に異なる集団を新たに国家のなかに抱え込むがゆえに，均質な国民を形成するという国民国家の理念とは大きく矛盾する行為でもあったのである。

（2）二重革命の時代の人の移動（19世紀前半）

　イギリスの歴史家E.ホブズボームはかつて，フランス革命（1789年）から1848年革命までの半世紀あまりの時代を，市民革命と産業革

命が同時に進行する「二重革命の時代」と呼んだ。彼はこれを必ずしも
ヨーロッパに限定されるものとして理解していたわけではないが，ヨー
ロッパの19世紀前半が「二重革命の時代」と呼ぶのに相応しい時期で
あったことは確かであろう。

　この二重革命の進行によって，人の移動は大きく促進されることに
なった。産業革命による工業化の進展は，都市に大規模な工場を生み出
し，人口は農村から都市へと比重を移していった。都市化 urbanization
と呼ばれる事態の進行であり，それは農村から都市へ多くの人々が移動
したことによって引き起こされた。また，市民革命は封建的な諸特権を
撤廃することにより，以前よりも大きな移動の自由を保証することに
なった。

　もっとも，封建制のもとでも，農村から都市に人々が移動することは
頻繁に起きていた。農民を土地に緊縛する制度的な枠組みが存在してい
たとはいえ，実際には農民はしばしば都市に移動していた。とはいえ，
産業革命にともなう都市化の進展は，それまでとは明らかに規模の異な
る大都市を数多く誕生させ，そこには以前とは比べようもないほど多く
の農村から都市への人口の移動が見られたのである。

　また，この時期には，都市化にともなう人口の移動とは別個の事情に
より，移動を余儀なくさせられた人々が存在した。一つは，ヨーロッパ
規模で展開されたナポレオン戦争による兵士の移動である。ナポレオン
は19世紀初頭の10年あまりの間に，フランス本国だけで延べ280万人
に及ぶ兵士を徴募した。そして，ロシア侵攻に際しては，支配下におい
た国々の出身者も含めて50万人にも達する兵士を率いたというのであ
る。

　さらに，ナポレオン失脚後に成立したウィーン体制のもとでは，フラ
ンス革命やナポレオン支配がもたらした自由主義やナショナリズムの思

潮が抑圧されたため，それに不満をもつ人々はたびたび蜂起や革命騒
擾を企てた。1848年革命にいたるまで，そのほとんどが失敗に終わっ
たことで，それにかかわった人々の多くが出身国を離れて亡命生活を
送ったことも特筆される。

（3）国民国家と植民地主義の時代における人の移動（19世紀後半）

　19世紀後半には，ヨーロッパ諸国の工業化が一段と進み，就業人口
においても鉱工業従事者が農業従事者を上回るようになっていく。それ
とともに，農村から都市への移動も加速していき，人口10万人を超え
る大都市が急増していく。

　この時期には国民国家の形成も進み，学校教育や徴兵制度，統合のシ
ンボルの利用などを通じて，民衆の「国民化」が図られた。「国民」の
把握を目的とした国勢調査も行われるが，頻繁に移動する人々を的確に
把握することは容易な作業ではなかった。

　こうした状況のもとで，ヨーロッパ諸国から南北アメリカやオセアニ
アに向かう移民が増大していく。大西洋を渡る移民は19世紀前半から
存在していたが，19世紀後半には南欧や東欧などから新たに移民が送
り出されたこともあって，移民の数が激増したのである。つまり，ヨー
ロッパ諸国は国内の住民の「国民化」を図る一方で，その「国民」のな
かの少なからぬ数の人々を外国に放出するという，いささか矛盾する事
態が生まれることになったのである。さらに，ヨーロッパの内部でもフ
ランスをはじめとして，他のヨーロッパ諸国から移民を受け入れる国が
現れるようになる。これもまた，異質な「他者」が大量に流入してくる
点で，均質な「国民」を形成するという国民国家形成のプロジェクトと
は相反する事態であったといえよう。

　そして，ヨーロッパ諸国による植民地主義の拡大とそれにともなう世

界分割の進行によって，植民地に移住する人々が増大していった。15
世紀末の大航海時代の開始以降，植民地を獲得したヨーロッパ諸国から
植民地への人の移動は続いていたが，インド帝国の成立（イギリスによ
るインド直接統治の開始）やアフリカ分割によって，ヨーロッパから植
民地に向かう人の流れは加速されていった。そこには官僚や兵士といっ
た植民地統治にかかわる人々に加え，フランスによって植民地化された
アルジェリアの事例に見られるように，数十万人に及ぶ零細な商人や農
民も含まれていた。

3. 20世紀における新たな移動の諸相

（1）近代世界の構造転換と移動の要因の変化

　近代ヨーロッパの国家編成において有力になった「国民国家」では，
交通・通信手段の発達や公教育の整備などの多様な装置を通じて「国
民」を創出したとされる。この動きを支えたナショナリズムは，19世
紀には西欧のみならず中欧・東欧にも広まり，自治権の拡大や独立を求
める諸民族の運動を活発化させた。さらに19世紀末から20世紀初頭に
かけて，近代的な人種主義がナショナリズムと結びついて，国民形成に
あたって国民の同質性を求める動きが強まり，これと表裏一体となって
人種的な「他者」が生み出されていった。

　この動きは，20世紀における人の移動に大きな変化をもたらした。
早くも1913年の第二次バルカン戦争終結後には，戦争中に高揚したナ
ショナリズムを背景に，オスマン帝国とブルガリアとの間で国境地域の
住民交換が実施された。翌年に勃発した第一次世界大戦は，参戦諸国内
で同質性の強化を求める戦時ナショナリズムを高揚させ，「敵」と結び
つけられた「他者」の排除が顕著な形をとる場合も出現した。大戦中に
オスマン帝国で発生したアルメニア人の国外追放とその過程で生じた大

規模な抑圧は，「民族浄化」の様相を呈することになった。

　第一次世界大戦中から終結期のヨーロッパでは，長い歴史を誇ったロシア帝国とオーストリア＝ハンガリー帝国が相次いで崩壊し，民族自決の原理に基づいて諸民族が独立国家を形成した。多民族帝国の崩壊ののちに登場した新興国家の多くは，それ自体が国内に少数民族を抱える多民族国家であり，民族自決論を厳密に適用することは困難だった。そのためヴェルサイユ体制のもとでは，少数民族問題の解決に向けて各国の民族的マイノリティの保護条項が定められた。

　しかし民族混住の顕著なバルカン諸国では，民族的マイノリティの権利保護の実現は難しく，住民交換の前例を用いて問題を解決する道がとられ，1919 年には敗戦国ブルガリアとギリシアとの間で住民交換が実施された。さらに 19 年に勃発したギリシア＝トルコ戦争ののち，両国間で大規模な住民交換が実施され，その過程で多くの犠牲者も発生した。これらの住民交換は，人種主義的ナショナリズムを基礎に民族的マイノリティを排除することによって，民族問題を解決する方法の一つと位置づけられた。しかしこの方法は，移住を強いられた人々の意向にかかわらず実施されたものであり，ギリシア・トルコ間で実施された住民交換は大規模な人的犠牲をともなう「民族浄化」に発展した。こうして 20 世紀に登場した新たな人的移動は，今日につながる新たな問題を提起したのである。

（2）現代世界の形成と人の移動の変容

　第一次世界大戦はまた，その展開のなかからロシアの社会主義政権を生み出し，社会主義国家の形成への道を開くものでもあった。それと同時に，世界大戦と社会主義国家の確立の過程で，大量の戦争難民や亡命者が発生した。この現象は，人の移動の歴史において 20 世紀に現れた

顕著な特徴の一つである。

　1917年の十月革命で誕生したロシアの社会主義政権は，ただちに国内の抵抗勢力と資本主義列強の干渉勢力による軍事的攻勢に直面した。これに対して共産党は，反対勢力を「敵」として実力で排除し，大量亡命の波を引き起こした。一方，1922年に誕生したソヴィエト社会主義共和国連邦（ソ連）は，資本主義諸国の包囲のなかで国内外の人的移動に大きな制約を課した閉鎖的な体制へと変化した。スターリン統治下のソ連では，体制に反対するとみなされた人々に対する大規模な抑圧が展開され，その過程で多数の亡命者も発生した。

　ロシアにおける社会主義体制の登場は，ヨーロッパ世界に大きな衝撃を与えて社会主義運動を高揚させると同時に，これに対抗する勢力を活発化させた。そのなかから伝統的な自由主義ともマルクス主義の社会主義とも異なる「第三の道」として登場したのが，イタリアのファシズム運動である。急進的ナショナリズムと社会改革的要素を結合したファシズムは，「全体主義」を掲げて国民の一体化を図りつつ独裁体制を形成した。敗戦国ドイツでも，急進的ナショナリズムと社会主義的変革理念が結びついたナチズム（国民社会主義）が登場し，イタリア・ファシズムの影響を受けつつ勢力を拡大した。

　人種主義的世界観を掲げるナチ党（国民社会主義ドイツ労働者党）は，ドイツ民族の統合を旗印に対外進出を進める一方，反ユダヤ主義政策を強化してユダヤ人を排斥した。その結果，1930年代には，ナチ党統治下のドイツ，オーストリア，チェコスロヴァキアを逃れて多数のユダヤ人がアメリカ合衆国に亡命した。ナチ党の手を逃れたユダヤ人のなかには，多くの知識人や著名人が含まれており，この大規模なユダヤ人の移動はヨーロッパからの頭脳流出としても作用した。一方，ヨーロッパにとどまったユダヤ人は，その多くが第二次世界大戦中に生じたホロ

コーストの犠牲となったのである。

（３）第二次世界大戦後の新たな移動

　第二次世界大戦でドイツが敗北した結果，膨張した旧ドイツ領が大幅に縮小され，多数のドイツ人が縮小されたドイツに帰還した。また，第二次世界大戦期にドイツに占領された東欧地域では，戦争末期から戦後にかけての国家再建にあたって，少数民族を排除する住民交換が実施された。しかし，諸民族が複雑に混住した東欧地域では，同質的な国民国家を形成することはほとんど不可能であり，東欧諸国はそれぞれに民族問題に対処せねばならなかった。

　一方，第二次世界大戦後に顕在化したアメリカ合衆国とソ連との対立は，アメリカを中心とする西側陣営とソ連を中心とする東側陣営との「冷戦」へと発展していった。そのなかで東西両陣営間の人的移動は著しく制限され，東西間の交流が分断された。同時に米ソ両国は，自陣営内に自国の軍隊を駐留軍として派遣するとともに，内部結束を固める目的から双方の陣営内部で人的移動が次第に促進されていった。

　また第二次世界大戦後には，長らくヨーロッパ列強の植民地となっていたアジア・アフリカ地域で，宗主国の政治的支配から離脱して独立国家を形成する「脱植民地化」が進行した。これら新興独立諸国は，旧宗主国に依存した経済体制からの脱却を目指したが，旧宗主国との経済格差は容易には解消しがたい課題であった。同時に植民地から独立した諸国では，旧宗主国の文化的・社会的影響も根強く残存し，旧宗主国側は植民地支配の歴史を背景に，旧植民地諸国との間で緩やかな結びつきを形成した。

　戦後の経済復興から高度経済成長の時代にかけて，ヨーロッパ先進諸国では深刻な労働力不足を経験したが，これを補ったのが旧植民地から

の移民労働者であった。先進資本主義諸国では，低コストで長時間労働に耐える労働力を必要とした一方で，経済的困窮に苦しむ旧植民地諸国の人々は，よりよい生活を求めて旧宗主国を目指した。こうしてインドやパキスタンなどからイギリスへ，アルジェリアやチュニジアなどからフランスへ，移民労働者の新たな波が発生したのである。

　ヨーロッパ諸国への大量の移民の流入は，経済成長の時代には大きな問題と認識されることは少なかったが，先進諸国を不況が襲った時，移民排斥が先進諸国の社会現象として表出してきた。宗教や民族の点で「他者」である移民に対するさまざまな差別をいかに解消するかは，ヨーロッパ諸国が抱える課題の一つとなっている。

学習課題

（1）　現代世界における人の移動にかんする具体的な事例を探して，人々が移動する理由と移動の実態について明らかにしてみよう。

（2）　ヨーロッパの「長い19世紀」における人の移動の特徴について，具体的な事例に基づいて考えてみよう。

（3）　20世紀ヨーロッパにおける人の移動の特徴について，具体的な事例に基づいて考えてみよう。

参考文献

木村靖二・柴宜弘・長沼秀世『世界大戦と現代文化の開幕』世界の歴史 26，中央公論社，1997 年

ロビン・コーエン『移民の世界史』（小巻靖子訳）東京書籍，2020 年

ノーマン・M・ナイマーク『民族浄化のヨーロッパ史──憎しみの連鎖の 20 世紀』（山本明代訳）刀水書房，2014 年

エリック・ホブズボーム『20 世紀の歴史──極端な時代』上・下（河合秀和訳）三省堂，1996 年

2 | フランス革命とナポレオンの時代 ——カリブ海の植民地から

前田更子

《目標＆ポイント》　本章では，革命期におけるフランス本国と植民地の関係を理解する。1794 年 2 月にフランスは他のヨーロッパ諸国に先駆けて奴隷制を廃止するが，それは「人権宣言」がもたらした成果だったといえるのだろうか。また，植民地に住む人々は，フランスでの革命をどのように受け止め，行動したのだろうか。大西洋を挟み，フランスとサン＝ドマングでほぼ同時期に進展した二つの革命を概観しよう。
《キーワード》　人権宣言，黒人奴隷貿易，植民地，奴隷制の廃止，サン＝ドマング，ハイチの独立

1．黒人奴隷貿易とカリブ海のフランス領植民地

　歴史上，人は常に移動を繰り返してきたが，ヨーロッパ近現代史を移動という観点から語る際に，大航海時代の到来とともにアジアやアメリカ大陸への航海に乗り出した白人ヨーロッパ人の移動，そして 16 〜 19 世紀半ばにアフリカ大陸西部から南北アメリカ，カリブ海へ連行された黒人たちの強制移動の歴史を見落とすわけにはいかない。近年の研究によれば，大西洋奴隷貿易が実施されていた 350 年ほどの間に 1250 万人以上の黒人がアフリカから奴隷船で運び出された。平均すると毎年 3 万 5000 人強という膨大な数の人の強制移動が実行されたのである。

　フランスはアンティル諸島のサン＝クリストフへの入植（1627 年）を皮切りにカリブ海に進出し，1635 年にマルティニーク島とグアドルー

プ島を支配下に入れ（両島は現在でもフランス領），ついに1697年，ライスワイク条約によってスペインからサン＝ドマング（現，ハイチ共和国）を獲得した。サン＝ドマングは，1492年にコロンブスが到達したイスパニョーラ島の西半分に位置した（図2-1，33頁参照）。同じ島の東半分にはスペイン領のサント・ドミンゴ，西隣にはイギリス領のジャマイカとスペイン領のキューバが控えており，北米・南米を狙う外交戦略上，この地の獲得はフランスにとって重要な意味をもった。また，経済面においてもサン＝ドマングはフランスに欠かせない植民地となる。プランテーション農業の展開により，18世紀末，サン＝ドマング産の砂糖は世界の消費量の40パーセントを，コーヒーは60パーセントを占めるほどに成長した。フランスにもたらす富の大きさから，サン＝ドマングは「カリブの真珠」「アンティルの女王」と称された。

　そうした繁栄を支えたのが黒人奴隷であったことは言うまでもない。フランスがカリブ海地域へ移送した黒人の総数はおよそ100万人とも

表2-1　フランス領奴隷制植民地の人口構成（1788年，ギアナのみ1789年）

		白人	有色自由人	奴隷	合計(人)	奴隷の割合
カリブ海・南米地域	サン＝ドマング	27,717	21,808	405,564	455,089	89.1%
	マルティニーク	10,603	4,851	73,416	88,870	82.6%
	グアドループ	13,865	3,044	84,461	101,370	83.3%
	サント＝リュシ	2,159	1,588	17,221	20,968	82.1%
	トバゴ	425	231	12,639	13,295	95.1%
	ギアナ	1,307	494	10,748	12,549	85.6%
インド洋地域	モーリシャス	4,457	2,456	37,915	44,828	84.6%
	レユニオン	8,182	1,029	37,984	47,195	80.5%

出典：Frédéric Régent, *La France et ses esclaves. De la colonisation aux abolitions (1620-1848)*, Paris, Fayard / Pluriel, 2010, p. 335-337 より作成。

160万人とも見積もられているが，そのうちの8割程度がサン=ドマングへ送られた。また，表2-1は主なフランス領植民地の人口構成を示しているが，それを見ると，革命前夜にはいずれの島においても総人口の8〜9割を黒人奴隷が占めていたことがわかる。このいびつな人口構成は，イスパニョーラ島の東半分のスペイン領サント・ドミンゴにおける奴隷の割合が2割弱でしかなく，ブラジルやアメリカ南部でも5割程度であったことと比較すれば，ますます際立つ。他方，この地に先住していた民族は15・16世紀のヨーロッパ人の到来とともにほぼ絶滅してしまっていた。これらの島はまさに人の移動によって作られた社会だったのである。

2. 人権と植民地

（1）フランス革命の始まりと人権宣言

　まずはフランス革命の始まりを概観しよう。フランス革命の直接的なきっかけは逼迫する国家財政を改善しようと財務総監カロンヌが提案した新税の創設をめぐる問題だった。この改革の是非を審議するため，1789年5月5日に聖職者，貴族，平民という3身分の代表がヴェルサイユに集まり全国三部会が開催された。議論が紛糾するなか，6月17日には全国三部会に集まった第三身分（平民）を中心とする一部の人々が，自分たちこそが国民を代表しているとして独自に「国民議会」の成立を宣言し，7月には憲法制定に着手した。7月14日にはパリで民衆が蜂起しバスティーユ城塞が陥落，各地で封建領主に対する農民の不満も爆発した。

　そうした動きの影響を受け，議会は税制改革のみならず，封建的諸特権を廃止し，8月26日には「人間と市民の権利の宣言」，いわゆる人権宣言を採択した。続いて議会は教会財産の国有化，行政・司法機構の中

央集権化，経済活動の自由化，度量衡の統一，ギルドなどの中間団体（社団）の廃止といった改革を矢継ぎ早に実施した。1791年6月に国王一家の国外逃亡未遂事件（ヴァレンヌ逃亡事件）が起こり，王権への信頼が一気に失墜するなか，同年9月3日に議会はフランス史上初の憲法を制定することになった。

　この1791年憲法において，国王の存在自体は否定されなかったが，人権宣言に基づく上記の一連の改革においてアンシャン・レジーム（旧体制）との決別は明白だった。人権宣言は第1条で，人間は生まれながらにして自由であること，権利において平等であることを宣言する。そして第3条では国民主権が約束された。少なくともテクストの上では，絶対王政の身分制国家から自由で平等な個人からなる近代国民国家へ移行した瞬間である。また，第2条では「あらゆる政治的結合の目的は，人間の生得の消滅することのない権利を保持することにある」とし，それらの権利として「自由，所有権，安全，圧政への抵抗」の4点が挙げられた。

　では，人権宣言のいう「国民」とは誰なのか。自然権である「自由」と「所有権」は，奴隷制を念頭に置くと明らかに矛盾する性質の価値だが，この問題が人権宣言起草に際して論じられることはなかった。奴隷のもつ自由への権利と，奴隷を所有するプランターの権利はどのように両立するのだろうか。

（2）1791年憲法における植民地，ロビー団体の対立

　1791年9月3日に制定された憲法の前文には，「国民議会は，いま承認し宣言したばかりの原則［人権宣言のこと］に基づいてフランス憲法を制定することを欲し，自由および権利の平等を害していた制度を最終的に廃止する」とある。しかし，実際にこの憲法下で選挙権を有する

28

「市民」（「能動市民」と称された）と認められたのは，一定の税を納める25歳以上の男性のみで，人口の半数を占める女性のほか，奉公人，貧民，植民地の奴隷などが排除されたことはよく知られている。

植民地にかんしては，「アジア，アフリカ，アメリカのフランス領植民地はフランスの一部であるが，本憲法は適用されない」（第7編第8条）と規定され，植民地における白人入植者の「自治」を優先する立場が取られた。こうして植民地は，フランス国民共同体から排除され，「別扱い」となり，実際に革命以前の封建的システムを保持する結果となったのである。ここで利益を得たのは奴隷を所有する白人プランターたちであった。

なぜこのようなことになったのか。憲法制定に向けた議会議論において，植民地の地位と植民地住民の市民権は争点の一つではあった。歴史家ブルとピーボディによれば，当時，この問題をめぐって五つのロビー団体が対立していた。五つのうちの3団体は，奴隷貿易と奴隷制の維持を主張し，植民地の「自治」を訴える白人入植者のロビー団体で，なかでも有名なのが「マシヤック・クラブ」と呼ばれた団体だった。彼らは人権宣言の理念が植民地に適用されることを恐れ，黒人・ムラート（混血）への政治的権利の付与に反対した。

他方で，植民地における黒人・有色人の人権を訴えて活動した団体もあった。1788年2月にパリで創設された「黒人友の会」である。黒人友の会のメンバーには，ブリソ，コンドルセ，グレゴワール，シェイエス，ミラボー，ラファイエットなど，のちの革命の展開のなかで主要な働きをする人々が名を連ねていた。同会の第一の目的は，奴隷貿易の即時廃止と奴隷制の漸次的廃止であり，それは，奴隷貿易の非人道性を告発し，奴隷制廃止を目指す当時のイギリスを中心とする国際的運動に呼応していた。肌の色による差別や偏見に反対する彼らは，革命期になる

と植民地への人権宣言の適用を求めて活動を開始した。とはいえ，注意したいのは黒人友の会にとっても植民地の維持は本質的に重要だったという点である。黒人奴隷を解放し啓蒙するのは宗主国フランスであり，フランスが植民地を拡張してこそ世界に光が差すという考えは多くの革命家に共有されていた。

（3）本国の有色人と植民地の有色自由人

　五つ目のロビー団体は，植民地出身でフランス本土に住む有色人が1789年9月に結集して作った「有色市民協会」である。

　革命前夜，フランス本土には4000〜5000人の有色人がいたとされるが，その地位は1791年憲法制定直後に出された9月28日の政令により，「いかなる肌の色であろうと，いかなる出自，いかなる国の出身であろうと，フランス国内においてはすべての人間が自由となり，憲法が要求する諸条件を満たす限り能動市民の権利を享受する」として法的に保障された。

　他方で，植民地在住の有色人については事情が異なった。表2-1（25頁参照）が示すとおり，植民地には，黒人奴隷のほかに有色自由人というカテゴリーの人々が存在した。彼らは解放された元奴隷，自由身分の母親から生まれた黒人・ムラートなどで，自由身分をもち，奴隷を所有しプランテーションを経営する者や商人も含まれていた。しかし彼らは植民地社会において，白人とは法的に区別され，行政機関で働くことも，医師になることもできず，白人と同じ食卓につくことも，白人と同じような服装をすることも禁止されていた。また，1777年の国王宣言以降は，肌の色を理由にフランス本土へ入国さえできない状況に置かれていた。

　この植民地の有色自由人のために立ち上がったのが，本土に居住する

有色の人々で，有色市民協会のまわりに結集した。彼らの運動に黒人友の会が賛同した結果，憲法発布前の 1791 年 5 月 15 日には一つの政令が出され，自由人の母と父をもつ植民地の有色自由人に市民権を与えると規定された。ところが同政令は結局施行されず，マシヤック・クラブをはじめとする白人入植者の圧力によりすぐさま破棄されてしまう。この時点ではフランス経済を動かしていた白人入植者の影響力がいかに強かったかが読み取れよう。1791 年憲法で植民地が別扱いになった理由もここにある。つまり経済的利益が普遍的人権より優先されたのである。

　ただし，その約 10 か月後の 1792 年 3 月 28 日には，植民地在住の有色自由人の権利が再びフランスにおいて承認される（国王批准 4 月 4 日）。転機となったのは，後述するサン＝ドマングでの奴隷の蜂起であった。

3. サン＝ドマングの革命とフランス

（1）サン＝ドマングにおける奴隷の蜂起

　パリのバスティーユ城塞陥落（7 月 14 日）のニュースがカリブ海の植民地に届いたのは 1789 年 9 月だとされる。しかしそれ以前からこの地では，奴隷貿易廃止を訴えるコンドルセのテクストなどが流布し，奴隷の間に自由を求める機運が高まりつつあった。マルティニークでは 1789 年 8 月に奴隷の蜂起が勃発した。サン＝ドマングでは 1789 年 11 月から白人と有色自由人の間で激しい武力衝突が起こった。フランス革命に関連する情報がさまざまな形で植民地へ流入し，また権利を求める有色人が本国から戻ったことなどが，植民地の既存の秩序を崩し始めた。

　1791 年 8 月 22 日の夜から 23 日にかけて，サン＝ドマングの北部において奴隷が一斉に蜂起した。いわゆる「ハイチ革命」の始まりである。蜂起に先立つ 8 月 14 日の深夜には，アフリカ由来の精霊信仰とキリス

ト教が混交したヴードゥー教の儀式がカイマンの森で執り行われた。儀
式の中心にはジャマイカ出身の奴隷ブクマンがおり，200名ともいわれ
る各奴隷集団のリーダーたちが女性神官の周りに集い，アフリカの神々
の加護を祈り，蜂起の誓いを立てたとされる。この儀式については実在
を疑う歴史家もいるが，ハイチでは人々の記憶に深く刻まれている出来
事である。

　22・23日に始まった奴隷蜂起は綿密に計画され，組織立っていた。
わずか数週間の間に200か所あまりの砂糖プランテーション，1200か
所のコーヒープランテーションに火が放たれ，女性と子どもを含む
1000名以上の白人が殺害された。1791年末までに蜂起した男女の奴隷
の数は少なくとも5万人，文献によっては15万人と見積もられる。11
月にブクマンが殺害されたのち，リーダーとなったのはジョルジュ・ビ
アスーで，彼の補佐役に抜擢されたのがのちに独立の英雄として名をは
せる解放奴隷のトゥサン・ルヴェルチュールであった。

（2）本国権力の移動と戦時下のサン=ドマング

　ル・アーヴルの港に入ったイギリスの貿易商人を通じて，フランスに
サン=ドマングの奴隷蜂起の知らせが届いたのは1791年10月のことで
あった。当初，その信憑性が疑われたが，議会で主導権を握っていたジ
ロンド派のブリソらはまもなく，奴隷蜂起の責任者として白人入植者を
糾弾し，蜂起鎮圧には有色自由人との同盟が不可欠であるという主張を
展開するようになる。こうして先に言及したとおり，1792年3月28日
に植民地の有色自由人の政治的権利が承認されたのである。

　同政令を適用するためにサン=ドマングへ派遣されたのは，黒人友の
会に近い3名の人物，ソントナクス，ポルヴレル，エローであった。彼
らは政府代表委員として1792年7月末にフランスを発ち，9月17日に

サン＝ドマングへ到着した。3万丁の銃を備え，6000人の兵士をともなった移動であり，彼らの最終目的が奴隷反乱の鎮圧であることは明らかだった。

　しかし，植民地の状況は混乱を極めていた。ソントナクスらは奴隷だけでなく，植民地当局や白人入植者の抵抗にもあったのである。なぜならば，白人プランターの多くは特権階級出身の王党派で，革命政府の植民地自治への介入に強く反発していた。また政府代表委員が大西洋上を移動している間にフランスではブルボン王政を打倒する8月10日事件が起こり，9月22日には共和国の樹立が宣言され，そして1793年1月21日にはかつての国王ルイ16世が処刑されるのだが，これらの知らせに植民地の白人たちは動揺し，共和派と対立する姿勢を強めていったのである。

　加えてフランスは，1793年2月から3月にかけてイギリスおよびスペインとの戦争へ相次いで突入した。ヨーロッパでの戦争は即座にカリブ海へ波及し，イギリスとスペインはそれぞれ，莫大な富を生み出す仏領サン＝ドマングを奪取しようと，英領ジャマイカあるいはスペイン領サント・ドミンゴなどから侵攻を開始した。この状況にフランス側の内乱が絡み合う。つまり一方で王党派の白人たちはプランテーションと奴隷制の維持のために革命フランスを裏切り敵国イギリスと密通し，他方で蜂起した奴隷の側はスペインと結ぶという挙に出たのである。フランス軍も共和派と王党派に分裂し，王党派の将校の一部はサン＝ドマングから脱走した。

　このままでは植民地を失うと判断した政府代表委員は，奴隷を解放し彼らに市民権を与える決断をする。1793年8月29日，まずはソントナクスによって担当地域の北部で奴隷制が廃止された。次いでポルヴレルによって9月に西部で，10月に南部で同様の決定がなされた。以後，

　サン=ドマングでフランス軍兵士としてイギリス軍やスペイン軍と戦うのは，主に奴隷身分から解放された黒人たちであった。

　ちなみに，図2-1のとおり，奴隷蜂起の直後から白人のなかには，難を逃れてキューバ，ベネズエラ，アメリカ合衆国，また当時フランス領だったルイジアナへと亡命する者が続出していた。彼らは奴隷を連れて移動をし，亡命先でプランテーションの拡大に加担したといわれている。

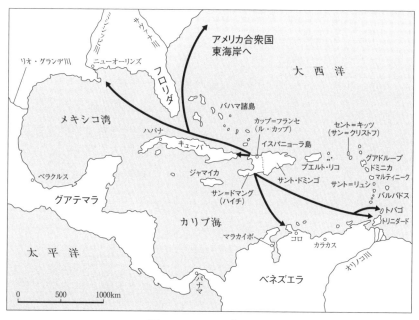

図2-1　カリブ海地域

注）図中の矢印はサン=ドマングからの亡命ルートを示す。
出典：Marcel Dorigny et Bernard Gainot, *Atlas des esclavages. De l'Antiquité à nos jours*, Paris, Autrement, 2017, p. 66 および浜忠雄『ハイチ革命とフランス革命』（北海道大学図書刊行会，1998年）掲載の地図を参考に作成。

（3）国民公会における奴隷制の廃止宣言

　9月23日，ソントナクスはある程度平穏を取り戻していた北部において，本国の国民公会へ送るサン=ドマング代表を選ぶ選挙を実施した。選ばれた6名のうち2名は有色自由人，2名は解放された元奴隷の黒人であった。そのうち解放奴隷のベレ，ムラートのミル，白人のデュフェの3名がアメリカ合衆国経由で大西洋を渡り，1794年1月23日にフランスに到着した。彼らも出席する国民公会は，1794年2月4日，「すべての植民地における黒人奴隷制が廃止されることを宣言する。植民地に居住する人はすべて肌の色の区別なしにフランス市民であり，憲法が保障するすべての権利を享受する」とし，サン=ドマングでの決定を追認するのみならず，全植民地での奴隷制の廃止を宣言した。その後，フランス各地の少なくとも37か所で奴隷解放を祝う祭典が開催された。

　以上のとおり奴隷制の廃止は，人権宣言の理念の具体化というよりも，サン=ドマングの奴隷蜂起，王党派と共和派の対立，革命フランスを取り巻く国際関係の推移により実現されたものだった。しかし同時に，差別を乗り越えようという理想，黒人との連帯や友愛に喜びを表現する人々も確実に存在したことは記憶されてよいだろう。

（4）総裁政府期の植民地政策

　奴隷制の廃止ののち，総裁政府期（1795年11月〜1799年11月）には植民地と本国の法律レベルでの同等性が追求された。1795年，新たな憲法が発布されるが，そこにおいて「植民地は共和国の不可欠な一部であり，憲法に基づいて作られる同一の法に従う」（第6条）と規定され，各植民地は国内と同じく県に分割された（第7条）。歴史家ブルとピーボディの言うように，これにより植民地住民を含めた「フランス国民」の法的一体性への道が開かれたと評することもできるだろう。そし

て，1795 年の憲法前文にある人権宣言にははっきりと，「すべての人は自らを売ることも売られることもない。人は譲渡可能な所有物ではない」（第 15 条）と記された。

　1798 年 1 月 1 日の植民地にかんする法は，この方針をさらに押し進め，「アフリカ生まれの黒人の権利をフランスの領土で生まれたものと同じとする」（第 15 条），「アフリカもしくは外国の植民地生まれで，フランスの島へ移送されたすべての黒人は，共和国の領土に足を踏み入れればただちに自由となる」（第 18 条）と定めた。同法では可及的速やかに取り組むべきものとして植民地における公教育の組織化も約束された（第 85 条）。人権宣言の普遍的理念がおよそ 9 年の革命の歳月を経てようやく法律上，形になったといえようか。ただし，これらの規定が効力を持ったのは 1799 年憲法発布までのわずか 2 年足らずの期間であった。

　奴隷制廃止については，制度と現実との間に大きな乖離があった。1794 年 2 月 4 日の政令に基づき実際に奴隷制廃止が適用されたのは，グアドループと南米のギアナにおいてだけだった。奴隷制廃止を実行するため共和国委員がカリブ海のマルティニークとグアドループ，インド洋のフランス島（現，モーリシャス島）とレユニオン島に派遣されたのだが，当時マルティニークはイギリス占領下にあり，またインド洋の 2 島では白人入植者の激しい抵抗を前に，共和国委員は解放を奴隷たちに通知すらできずに本国へ引き返す結果となった。こうして数万人の黒人奴隷が本国から見捨てられてしまった。

4．ナポレオンとハイチの独立

（1）奴隷制の復活

　ナポレオンの登場は植民地の位置づけを一変させる。1799 年 11 月 9 日，ブリュメール 18 日のクーデタで政権を奪取したナポレオン・ボナ

パルトは，1799 年 12 月 15 日発布の憲法で再び，植民地を特別法の下に位置づけ（第 91 条），1802 年に奴隷制を復活させた。

　詳しく見よう。まず 1802 年 5 月 20 日法により，フランス島とレユニオン島，および 3 月 25 日のアミアンの和約でイギリスからフランス領に戻ったマルティニークにおいて奴隷制を「維持」することが決定された。これらの島では 1794 年の奴隷制廃止が実行されていなかったから「維持」なのだという。他方，奴隷貿易については，「1789 年以前の法や規則に従って行われる」と明記され，再開への道が示された。ここに，植民地をアンシャン・レジームの時代の地位へと回帰させようとするナポレオンの意思が感じられる。この時点でグアドループ，ギアナ，サン＝ドマングは対象外であったが，グアドループは 1802 年 7 月に，ギアナについては同年 12 月に奴隷制の再建が決められた。サン＝ドマングだけが別の歴史をたどることになる。

　ところで現在，歴史家の多くは，ナポレオンの黒人差別の態度は，兵士や占領地の人々に対する彼の態度と同等だったという見方をとっている。ナポレオンは，フランス革命の混乱を収束させフランスの権威を回復させ，経済を立て直すことに主眼を置いていたのであり，その計画を完遂させるためならば，白人・有色人を問わずそのときどきで対立する者を排除した。実際，ナポレオンは，一時期はサン＝ドマングの有色人・黒人の部隊を重視し，ただちに奴隷制復活に賛同したわけでもなかった。しかし，白人入植者のロビー団体からの執拗な要求，「自由は黒人の胃袋が受けつけない食料だ」と断言する植民地大臣，さらに後述するトゥサン・ルヴェルチュールによる 1801 年の「サン＝ドマング憲法」公示を受けて，奴隷制の再建は彼のなかで不可避となっていった。

　ナポレオンのアンシャン・レジームへの回帰の精神は本国の黒人監視政策にも反映された。1802 年，有色の兵士・将校はパリに居住するこ

とが禁じられ，黒人・ムラートはいずれも許可なく共和国の大陸領土に入ることができなくなった。また，1803 年 1 月 8 日司法大臣の通達で白人と黒人との結婚が禁止される。これらはアンシャン・レジーム期の1777 年，1778 年の国王宣言と同等の措置である。ナポレオンの民法典（1804）でも植民地の白人と有色自由人との結婚，養子縁組，後見，遺言は禁止され，奴隷については事実上，1685 年の黒人法典に従うことになった。

（2）ハイチの独立

　サン＝ドマングに話を戻そう。トゥサン・ルヴェルチュールは，1794年 5 月にフランス軍に加わり，イギリス，スペインとの戦いで軍人としての手腕を発揮し，その功績によって 1796 年には総督補佐官に，1799年にはナポレオンから総督兼軍司令官に任命された。サン＝ドマングにおける実権を握った彼は，1801 年 7 月 8 日に「フランス領植民地サン＝ドマング憲法」を公表する。これは，国としての独立を掲げた憲法ではなく，サン＝ドマングは「一にして不可分なるフランス共和国の一部をなす植民地」であり，「人はすべて自由かつフランス人として生まれ，生存し，死ぬのである」と宣言する，むしろフランスへの「同化」を志向する内容だが，他方で立法，行政，司法の三権を植民地に帰属させるとし，トゥサン・ルヴェルチュールは自らを終身総督と位置づけもした。

　この行為にナポレオンはいらだち，イギリスとの間の一時的和平，1795 年からのスペインとの同盟関係を利用し，1801 年 12 月に 2 万2000 人という膨大な数の兵士をサン＝ドマングとグアドループへ投入，1802 年，1803 年には 5 万 5000 人の援軍を送った。隊長には義弟のルクレールを据える力の入れようだった。フランス軍は 1802 年 6 月にトゥ

サン・ルヴェルチュールを捕らえ本国へ護送することには成功したが，長引く戦争において黄熱病の蔓延と食糧不足に苦しんだ。イギリス軍との戦争も再開し，またグアドループでは奴隷制の復活を知った黒人たちの抵抗が 1802 年 10 月以降さらに激しくなっていった。ルクレールは黄熱病で死亡し，結局，1803 年 11 月，フランスは降伏した。ナポレオン軍の敗北だった。

　トゥサン・ルヴェルチュールはフリゲート艦でフランス西部の港ブレストへ運ばれたのち，秘密裏にジュラ山脈のジュー要塞にあった監獄に収監された。正当な裁判を受けることなく，数々の精神的・肉体的虐待を受け，病気の治療も拒絶されたまま，1803 年 4 月 7 日に獄中で死亡した。

　1804 年 1 月 1 日，サン＝ドマングはハイチ共和国として独立を宣言した。史上初の黒人共和国の誕生である。共和国初の憲法（1805）では奴隷制の永久放棄が謳われた。ハイチ誕生はフランスのみならず，奴隷制を維持していたアメリカ合衆国やポルトガル領のブラジルなどにも大きな衝撃を与えた。また，イギリスを中心に高まりつつあった奴隷貿易および奴隷制廃止の運動はさらに勢いを増し，イギリスでは 1807 年に奴隷貿易が廃止され，1833 年には奴隷制の廃止が決まった。フランスで再度奴隷制が廃止されるのは，1848 年の第二共和政期のことである。

　1998 年，ユネスコはサン＝ドマングで黒人奴隷が蜂起した 8 月 23 日を「奴隷貿易とその廃止の国際記念日」と定めた。また，フランスは，2001 年にトビラ法を制定し，奴隷制と奴隷貿易を「人道に対する罪」と認めた。フランス革命・ナポレオン体制期における植民地支配や奴隷制の過去は，2000 年前後になってようやく広く注目されるようになったのである。

学習課題

（1）　人権宣言を読み，フランス革命がもたらした新しい権利と自由が
　　　どのようなものだったのか，調べてみよう。
（2）　本章で述べたとおり，革命期のフランスでは一時的とはいえ，黒
　　　人へ市民権が付与された。他方で，女性が参政権を得るのは
　　　1944 年である。革命・ナポレオン期の女性の地位について調べ，
　　　人権宣言の理想と現実の相克について考察しよう。
（3）　1848 年にどのようにして再び奴隷制が廃止されたのか，その経
　　　緯を調べてみよう。

参考文献

河野健二編『資料　フランス革命』岩波書店，1989 年
鈴木英明『解放しない人びと，解放されない人びと——奴隷廃止の世界史』東京大
　　学出版会，2020 年
浜忠雄『ハイチ革命とフランス革命』北海道大学図書刊行会，1998 年
浜忠雄『カリブからの問い——ハイチ革命と近代世界』岩波書店，2003 年
平野千果子『フランス植民地主義の歴史——奴隷制廃止から植民地帝国の崩壊まで』
　　人文書院，2002 年
平野千果子編『新しく学ぶフランス史』ミネルヴァ書房，2019 年

3 | 工業化と都市化

北村暁夫

《**目標＆ポイント**》　近代ヨーロッパ社会の一つの特質である工業化と都市化について，それがどのような経緯で生じ，それによってどのような社会が誕生したのかを理解する。18世紀以降の急激な人口増大の原因とそれがもたらしたさまざまな事態に着目することがポイントとなる。
《**キーワード**》　産業革命，都市化，「危険な階級」，公衆衛生，都市改造

---

1. 産業革命

（1）産業革命とは何か

　19世紀のヨーロッパ社会は，工業化と都市化によって特徴づけられる。工業化とは農業を中心とした社会から工業を中心とした社会への転換を意味し，都市化とは人口の比重が農村から都市へ移行し，都市空間に人口が集中することを意味している。工業化と都市化が促進される一つの大きな契機が産業革命であった。そこで，まず産業革命について概観してみることにしよう。

　産業革命は，イギリスにおいて18世紀後半から19世紀前半にかけて進行し，イギリスに遅れて他の欧米諸国や世界各地に波及した工業化の一連の過程を指す。最初は繊維産業（とりわけ綿紡績・綿織物）を中心とし，それまでの手動の器械による生産に代わって，動力を用いた機械での生産が行われるようになり，生産量が飛躍的に増大した。その後は，製鉄業や機械製造などさまざまな産業分野に波及していく。都市部

には大規模な工場が作られ，そこで労働
に従事する人々は労働者階級という新た
な社会階層を形成していくことになる。

　産業革命がなぜイギリスにおいて最初
に進行したのかをめぐっては，かつては
もっぱらイギリス国内の状況に着目して
その原因が説明されてきた。すなわち，
中世末から農村で毛織物生産を中心とす
る小規模な家内工業が自生的に展開し，

図 3-1　ミュール紡績機
〔ユニフォトプレス〕

これがローカルな市場を形成することによって 18 世紀後半以降の大規
模な工業化に結びついたとするものである。これに対して，近年は世界
規模の帝国を築いたイギリスの対外的な関係から説明する見解が主流に
なっている。すなわち，イギリスは 18 世紀を通じて「第二次百年戦
争」とも呼ばれるフランスとの植民地戦争に勝利し，インドや北米を植
民地化していった。とりわけ，それまで綿織物生産の先進地域であった
インドを植民地化したことで，イギリスは優れた綿織物の技術を獲得
し，さらにインドをイギリス産の綿織物の市場とした。このことが資本
の蓄積を可能にするとともに，新たな技術革新に向かわせることになっ
たというのである。

　また，産業革命が経済成長という観点から，実際にどの程度「革命」
的であったのかについても，さまざまな議論がなされてきた。19 世紀
末に「産業革命」という用語を定着させた A.トインビーは産業革命に
よる社会の急激な変化を強調したが，それに対して，100 年間に及ぶイ
ギリスの産業革命は工業生産高の成長率といった観点からするとむしろ
緩慢な上昇に過ぎず，その前後の時期と比べても際立って高いとはいえ
ないという議論が出されている。

　産業革命期における経済成長率をめぐっては今なお議論が続けられているが，ここで注目しておきたいのは，産業革命とは単なる工業部門の量的拡大ということを意味しているのではないという点である。むしろその長期の過程を経て，これまでとは質の大きく異なる社会が出現したことに着目しなければならないのである。

　質的な変化の一つに挙げるべきなのが，都市部を中心に労働者階級という新しい社会階層が出現したことである。この点については，次節で詳しく述べることにする。顕著な変化としてもう一つ重要なのが，「エネルギー革命」とも称される化石燃料の利用の開始である。これは19世紀初頭から本格的に行われることになった。石炭を中心とする化石燃料が動力源として利用されることにより，繊維工業はもとより，製鉄業や機械工業の生産力が飛躍的に上昇することになった。だが，それは同時に今日の地球温暖化問題につながる二酸化炭素（CO_2）の大量排出という事態を現出させることにもなった。地球温暖化の影響が顕著に見られるようになるのは20世紀後半になってからのことであるが，19世紀においても都市の大気汚染という実害をもたらしたのである。

　また，産業革命は民衆の生活に「勤勉革命」とも称される変化をもたらした。農村における民衆の生活は基本的に自然のリズムに従い，日々変化する日の出・日の入りの時刻に基づいて労働時間も変化することが一般的であった。これに対して，都市における工場労働者は自然のリズムとは全く異なる，人為的に設定された就業時間に基づいて働くことを余儀なくされた。当初はそうした就業規律に反発する労働者が多く，「聖月曜日」と称されたように，とりわけ月曜日の朝には仕事をサボタージュするなどして抵抗していた。しかし，次第に規律を内面化し，季節によって変化することのない就業時間で働くことが一般化していった。

（2）農業革命とプロト工業化

　このように，産業革命は社会のあり方に大きな変化をもたらすことに
なった。ところで，産業革命にともなって生じた人の空間的移動を考え
る際に，それに先立って起きていた二つの事象を論じておく必要があ
る。それは農業革命とプロト工業化である。

　農業革命とは，17 世紀後半のイギリス（イングランド）に始まる農
業技術の革新と農業経営のあり方の変容によって，農業生産高が急激に
増大した事態を指す。農業技術の革新については，従来の三圃制に代わ
るより複雑な輪作の導入により，休閑地が縮小して穀物の作付面積が増
大したことが挙げられる。また，家畜の飼料となる作物を栽培すること
で，一年を通して家畜を飼育することが可能となり，その結果，肥料
（家畜の糞尿）が安定的に供給されて単位面積あたりの収量が増大する
とともに，酪農が広く展開されるようになったことも挙げられる。農作
物の収量の飛躍的な増大は，人口の増加をもたらすことになった。

　また，農業経営については，中小地主層の没落によって土地の集積が
進み，共有地の囲い込み（エンクロージャ）で農場の大規模化が進んで
いった。経営の合理化によって必要な労働力が減少したことに加え，共
有地を失った農民の多くが失業状態に陥り，都市に流失する傾向が顕著
になっていく。

　プロト工業化は，産業革命に先立って 17 〜 18 世紀の西ヨーロッパの
特定の農村部に見られた家内制手工業である。とはいっても，農村内部
で完結する伝統的な農村工業とは異なり，国際的な販路をもった商人た
ちが農民に道具や原料を貸し付けて商品となる製品を生産させるもので
あった。こうした前貸し制に基づく農村家内工業はいたる所で展開され
たわけではなく，特定の地域に限定されていた。他方で，農村家内工業
が台頭しなかった地域のなかには，農業革命の波及により大規模農場が

展開したところも多く見られた。つまり，この時期には，農村家内工業が台頭して製造業に特化していく地域と大規模農場により農業生産に特化していく地域への分化が見られ，地域間での分業が行われるようになったというわけである。

　農村家内工業に特化した地域では，それに従事する人々が増大することによって人口増加がとりわけ顕著であった。ただし，こうした農村家内工業は，産業革命の進行とともにそのまま工場制の近代的な工業地帯に成長していったわけではなかった。確かにイングランドのランカシャのように産業革命の拠点になっていく地域もあったが，その一方で，近代工業は発展せず，むしろ家内工業が衰退して農村に戻っていった地域も存在した。この点が「プロト工業化」（「プロト」とは「最初の」「原初的な」を意味するギリシア語由来の接頭辞）という表現のいわんとするところである。産業革命の進行により家内工業が衰退した地域では，収入の減少を補うために都市へ移動して労働する人々が現れるようになるのである。

2. 人口増大と都市化

（1）近世から 19 世紀にかけてのヨーロッパの人口

　ロシアとバルカン半島を除くヨーロッパの人口は，16 世紀の間に約6000 万人から約 7800 万人へと着実に増大したのち，17 世紀に停滞ないし減少を見た。18 世紀に入ると再び上昇に転じ，とりわけ 18 世紀後半以降は急激に増大していった。18 世紀末には約 1 億 2300 万人，19 世紀半ばには 1 億 7700 万人，19 世紀末には 2 億 3000 万人に達し，19 世紀の 100 年間でほぼ倍増した。

　この大幅な人口増加の背景としては，すでに述べたように農業革命による食糧の増大や工業の発展といった経済的な要因を指摘することがで

きるが，人口論の観点から見たときの直接的な理由は出生数の急増に求められる。歴史人口学の研究によると，ヨーロッパの17～18世紀における人々（とくに農民）の初婚年齢は男女ともに比較的高く，たとえば経済的・社会的に危機の時代とされる17世紀初頭のイングランドでは，平均初婚年齢が男性28歳，女性26歳であったという。ところが，18世紀後半以降，平均初婚年齢は顕著に低下し，19世紀初頭のイングランドでは男性25歳，女性23歳であった。また，17世紀には生涯独身者の比率が比較的高かった（イングランドでは20パーセント以上）のに対して，18世紀から19世紀にかけてその比率は急速に低下（同じく10パーセント前後）していった。平均初婚年齢と生涯独身率がいずれも低下したことにより出生率が高まり，それが人口の増大に結びついたと考えられるのである。

　出生率が上昇するなかで，農村では大規模農場化が進行し，労働力の需要が低下していった。他方では，工業化とともに都市部を中心に工場が建設されるなどして，新たな労働力の需要が生まれていく。その結果，農村から都市への人口の移動が大規模に生じることになった。具体的な移動のあり方については次節で詳しく見ることにして，本節では都市化の実態とそれによって都市社会がいかに変容していったかを見ることにする。

（2）都市化がもたらした問題

　18世紀半ばのヨーロッパでは，人口10万人を超える都市は20に満たなかった。最大の人口を擁していたのはロンドンの70万人で，次いでパリ（56万人），ナポリ（約40万人）と続いていた。人口規模が大きな都市はいずれも国家の政治的中心地（首都）であった。これに対し，19世紀半ばになると人口10万人を超える都市は50近くに増大し

表3-1　ドイツ・ルール地方の諸都市における人口の推移（単位：人）

	デュースブルク	エッセン	ボフム	ドルトムント
1831 年	7,068	5,460	3,022	6,121
1843 年	9,874	7,119	4,067	7,620
1852 年	13,087	10,552	4,833	13,546
1861 年	18,496	20,811	9,855	23,372
1871 年	30,144	51,513	21,192	44,420
1880 年	40,533	56,944	33,440	66,544
1890 年	58,148	78,706	47,601	89,663
1900 年	92,530	118,862	65,551	142,733
1910 年	229,483	294,653	136,931	214,226

出典：James H. Jackson, Jr., *Migration and Urbanization in the Ruhr Valley,*
　　　1821-1914, Boston, Humanities Press, 1997, p.7 Tabel 1. 2 より抜粋。

ている。とくにイギリスは 10 を超える都市が人口 10 万人以上となり，
そのなかにはマンチェスター，リヴァプール，リーズといった商工業で
隆盛する都市が含まれていた。

　表3-1はドイツ・ルール地方の諸都市の 19 世紀における人口の推移
を示したものである。ルール地方は石炭と鉄鉱石という鉱物資源に恵ま
れていたため，19 世紀半ば以降，鉱山業や鉄鋼業，機械工業が発展し，
ヨーロッパでも有数の工業地帯へと発展した地域である。いずれの都市
も中世に起源をもつが，表から明らかなように，19 世紀初頭までその
人口規模は 1 万人にも及ばない小さいものであった。たとえばデュース
ブルクは 18 世紀前半には約 3000 人規模の増加で推移していたが，世紀
後半から次第に人口が増大し始めた。この時期には繊維業が一定の発展
をみていたものの，就業人口に占める繊維業従事者の比率はそれほど高
いものではなかった。だが，19 世紀半ばに都市郊外に大規模な製鉄工
場が稼働するようになると，人口は年率 5 パーセントを超える水準で急

表 3-2　パリ市の人口（単位：人）

1801 年	546,856	1861 年	1,696,141
1817 年	713,966	1872 年	1,851,792
1831 年	861,440	1881 年	2,269,023
1841 年	1,060,825	1891 年	2,447,957
1851 年	1,227,064	1901 年	2,714,068

出典：ルイ・シュヴァリエ『労働階級と危険な階級』みすず書房，
　　　1993 年，p. 176，表より抜粋。

増していき，20 世紀初頭には 10 万人を突破するにいたった。

　都市人口が爆発的に増大していくにつれて，都市はさまざまな問題を抱えるようになっていく。ここではパリを対象にいかなる問題が生じていたのかを見ることにする。

　表 3-2 は 19 世紀におけるパリの人口の推移である。パリ市は 1860 年に周辺町村を合併して拡大しているが，ここでは紙幅の都合上，旧市域と合併した周辺町村を合計した数字を掲げる。これによると，19 世紀初頭に約 55 万人であった人口は 1840 年代に 100 万人を突破し，1901 年には 270 万人に達している。一世紀の間に 5 倍以上になったのである。とりわけ増加が著しかったのが，市東部やその外に広がる郊外地区であった。その代表的な地区であるフォーブール・サン・タントワーヌ地区には，19 世紀中頃までに家具製造などの工房が立ち並び，多くの労働者が集まるようになっていた。

　他方で，19 世紀前半には貧困層が集住する貧民街も形成されていった。パリ中心部のシテ地区やオテル・ド・ヴィル地区には，「ガルニ」と呼ばれる貧困層向けの宿泊所が設けられた。そこは劣悪な住環境で，とくにトイレは地下への吸い込み式であり，人口密集地区ではシステムとしてまともに機能するものではなかった。周辺は糞尿の臭気が立ち込

める状況にあった。

　都市外部から流入する貧困層の増大に対して，都市社会において支配的な立場にある貴族や上層市民（ブルジョワ）は警戒を強めていった。支配層の人々にとって，彼らは犯罪者，あるいは少なくとも犯罪の予備軍であった。彼らは「危険な階級」として，厳しい監視の対象とされていく。

　また，こうした環境下で周期的に発生する感染症が大流行することは避けがたかった。かつてのペストに代わって，19世紀に流行した感染症はコレラ，腸チフス，結核などであった。なかでもコレラはパリにおいて，19世紀前半だけで3度の大流行（1832年，1847年，1849年）を記録した。1832年の流行では，4月上旬の2週間に市内で7000人に及ぶ死者を出した。とりわけ大きな被害を出したのはシテ島地区など貧困層が集住する地区であった。

　支配層の人々にとって，貧困層の集住地区における感染症の拡大は，犯罪と同様に都市社会の統治にとって好ましくない事態であった。この事態に対処するために，まず都市が抱える衛生上の問題を観察して記述する試みが19世紀初頭から行われるようになる。公衆衛生学と呼ばれる知的営為の登場である。コレラ流行に先立ち，アレクサンドル・パラン＝デュシャトレの『パリ市の下水道にかんする考察』（1824年）といった報告書が刊行され，1829年には『公衆衛生と法医学雑誌』が創刊されている。コレラ流行の原因がこの時期に特定されていたわけではなかったが，不衛生な都市空間とコレラ流行との間に何らかの因果関係があることは認識されるようになっていった。そこから，下水道の整備が図られるようになっていく。

　下水道の整備などによって，パリの衛生状態は徐々に改善されていった。確かにそれは居住する人々の生活にとって資するところはあった

が，それは同時に権力による監視・管理が強化されることと裏腹であったことは忘れてはならないだろう。

3. 移動する人々

　19 世紀のヨーロッパは多くの人が移動した時代であるが，それ以前の時期に移動が見られなかったわけではなかった。イングランドやフランス北部，ドイツ西部といった地域では，近世において 10 歳代後半から 20 歳代の若い農民たちが，男女を問わず，近隣の村に移動して農業奉公人として従事していたことがよく知られている。彼らはそこで得た賃金を原資として，婚姻の際に新たな世帯を形成していた。また，前近代における都市は自立的に人口を維持することができず，農村からの人口の流入によって人口を維持していたとされる。婚姻の可能性の低さや劣悪な衛生状態などのために，農村に比べて都市の出生率は低く，逆に死亡率（とりわけ乳幼児の死亡率）は高かった。そのために，都市は常に農村から流入する人々を必要としていたのである。

　このように近代以前にも人の移動は存在していたが，19 世紀にはそれ以前と比べて格段に多くの人々が移動するようになったことは確かである。農村における労働力需要の低下と工業化・都市化による都市での労働力需要の増大，それに封建制の解体ないし廃止によって公権力による移動の制限が緩和・撤廃されたことが相まって，多くの人々が移動するようになった。それでは，人々は具体的にどのように移動したのであろうか。ここでは，19 世紀前半にフランス中央部の山間地帯からパリに石工として出稼ぎを繰り返したマルタン・ナドという人物の事例を見ながら，移動の実態を見ることにする。

　マルタン・ナド（1815 - 98）は，フランス中央部リムーザン地方で農民の子として生まれ，14 歳からパリで出稼ぎ石工として働いたが，幼

少期から父親の勧めで読み書きや算術を学んだこともあって石工仲間の
リーダー的存在となり，二月革命後の1849年に立法議会の議員に選出
された。その後，1851年のルイ=ナポレオンによるクーデタでイギリス
に亡命したが，第三共和政期に下院議員に再び選出され政治家として活
動した。彼は1895年に回想録『もと見習い工のレオナールの回想』（邦
題『ある出稼石工の回想』）を出版しており，同書は第三共和政期でも
珍しかった労働者階級出身の政治家の手によるエゴ・ドキュメントとし
て注目すべき書物となっている。この回想録からは，彼の30歳代まで
の出稼ぎ石工としての生活を詳細に知ることができる。

　マルタン・ナドの生涯を振り返るうえでは，石工としてパリで働きな
がら学校に通って教育を受け続けたことや，社会主義系の労働者サーク
ルに加入して活動家になっていったことが重要であるが，ここでは彼の
移動のあり方に注目してその特徴について考察する。

　ナドが生まれたのは，リムーザン地方ブルガヌフ郡である。リムーザ
ン地方はフランス中央部の中央山塊に位置し，ブルガヌフ郡も標高500
メートルほどの山間地帯にある。資源に恵まれず，大規模農業にも適さ
ないために，農民たちは近隣への出稼ぎなどによって家計を補塡するこ
とが常態化していた。彼の父親も郷里では農業を行うかたわら，出稼ぎ
先では熟練した石工として労働する日々を送っていた。

　ナドが父親に連れられて初めて出稼ぎを行ったのは1830年3月，14
歳の時であった。彼の父親をリーダーとして数人のグループで出発し
た。目的地は父親がたびたび出稼ぎに赴いていたパリであった。同じ時
期に幼なじみの少年もグループで出稼ぎに旅立ったが，そのグループが
向かったのはリヨンの工事現場であった。ナドたちは父親のなじみの宿
屋をめぐりながら，徒歩で1週間ほどかけてパリに到着した。パリでは
叔父が営む小さな建設会社で見習い石工としてしばらく働いたが，七月

革命後に叔父が事業に失敗したために，パリ市内のガルニに移り住み，そこで石工としての修業を積むことになった。

　1832年の暮れにほぼ3年ぶりに郷里に戻り冬を過ごしたのち，1833年春に再びパリに向かう。1836年夏に徴兵検査のために帰郷するが，パリでの石工としての仕事中に負った腕のけがを理由（口実）として検査には不合格となった。1837年と38年には2年続けて春にパリに向かい，暮れ

図3−2　マルタン・ナド
〔ユニフォトプレス〕

に郷里に戻るという生活を送った。そして，1838年暮れに帰郷した際に郷里の女性と結婚し，わずか17日間の新婚生活を過ごしてから，1839年春にパリに向かい，次に郷里に戻ったのは1842年の暮れのことであった。それから数年は，春にパリに向かい，年末に故郷に戻る生活を送ったが，1848年の二月革命勃発後は郷里に定期的に帰ることはなくなった。

　ナドの移動の特徴として最初に指摘したいのは，マルタン・ナドは郷里（農村）とパリ（都市）の間をたびたび往復しているという点である。ここからうかがえるのは，農村から都市への人口の移動を一方通行ではなく，往還運動としてとらえる必要があるということである。もちろん，ナドの経験を過度に一般化することはできないものの，彼のように農村と都市を頻繁に往復する人々は多くいたと考えられる。彼の回想録には，彼の父親がある年齢に達した段階で郷里に帰り，そこで亡くなったことが記されているが，実はマルタン・ナド自身も議員を辞したのちに帰郷し，そこで死去している。彼は国会議員になった人物であり，回想録も残しているので，パリで長く生活したことが明らかにされ

ているが，かりに全くの無名の人物であれば，出生と死亡の記録だけから，彼は生涯を郷里で過ごした人である，とみなされたかもしれないのである。農村から都市に移住して都市民として生涯を終えた人々のほかに，このように往還運動の末に帰郷して生涯を終えた人々が多くいたことを理解する必要がある。

　また，ナドが従事した職業が石工であり，石工を含む建設労働はもっぱら男性によって担われるものであったため，移動するのは男性に限定されていた。このような場合，女性は郷里にとどまって農作業や家内手工業，家事労働に従事することが一般的であった。そして，ナドは同郷の女性との婚姻のために帰郷し，結婚式のあと間もなく妻を残してパリに旅立っている。ここからうかがえるのは，ナドにとって本来の自分の居場所は郷里であり，パリは労働のため，収入のために一時的に滞在する場所であったということである。だが，パリでの労働が一定の成功を収めたことによって（彼の場合は，政治活動というもう一つの要因もあるが），パリでの生活が長期に及ぶことになったのである。

学習課題

（1）　産業革命はなぜイギリスで最初に起きたのか，その理由をめぐるこれまでの議論を整理してみよう。
（2）　19世紀前半のヨーロッパの都市化の進展に際して，都市支配層は都市に新たに流入する人々をどのように見ていたのか，考えてみよう。

（3）　マルタン・ナドの事例について，彼の移動のあり方から読み取れ
　　　ることをまとめてみよう。

参考文献

喜安 朗『パリの聖月曜日── 19 世紀都市騒乱の舞台裏』岩波現代文庫，2008 年
後藤明ほか『歴史における自然』シリーズ世界史への問い 1，岩波書店，1989 年
ルイ・シュヴァリエ『労働階級と危険な階級── 19 世紀前半のパリ』（喜安朗・相
　　良匡俊・木下賢一訳）みすず書房，1993 年
マルタン・ナド『ある出稼石工の回想』（喜安朗訳）岩波文庫，1997 年
長谷川貴彦『産業革命』世界史リブレット 116，山川出版社，2012 年

4 | ウィーン体制と 1848 年革命

北村暁夫

《**目標＆ポイント**》　ウィーン体制という抑圧的な支配体制のもとで，憲法制定などを求める自由主義と他民族による支配からの解放を求めるナショナリズムが台頭してくることを確認したうえで，1848 年革命が起きた原因とそれがもたらしたものについて理解する。また，ウィーン体制と 1848 年革命によって母国をあとにした亡命者の軌跡について学ぶことがポイントとなる。
《**キーワード**》　自由主義，ナショナリズム，憲法制定，政治亡命

1. ウィーン体制と自由主義・ナショナリズム

（1）ウィーン体制の特質

　ナポレオンの失脚後，一連の戦争の戦後処理のために，1814 年 9 月からウィーンでヨーロッパ諸国の指導者たちによる会議が開かれた。「会議は踊る，されど進まず」と評されるほど時間を要した会議は，ナポレオンの「百人天下」を経て，1815 年 6 月，ウィーン議定書の締結により終結した。フランスの政治家タレーランが提唱した正統主義に基づき，フランス革命以前の支配体制の復活が目指され，たとえばフランスではブルボン家による支配が復活した。いわゆるウィーン体制の成立である。

　だが，ウィーン体制は「復古」ではなかった。フランス革命以前の状況に完全に復することができたわけではなく，重大な変更を含んでいたからである。

　第一に，支配体制や領土の一部変更である。神聖ローマ帝国が復活することはなく，ドイツではナポレオン支配下で有力諸邦国に吸収合併させられた小規模な諸邦国も復活しなかった。この地域には，オーストリア，プロイセンなど35に整理された君主国と4自由市で構成されるドイツ連邦が形成された。イタリアでは，同じくナポレオン支配下で滅亡したヴェネツィア共和国とジェノヴァ共和国も復活せず，それぞれオーストリアとサルデーニャ王国の領土とされた。プロイセンは東西に領土を拡大し，オランダは旧オーストリア領ネーデルラントを譲渡された。

　第二に，ナポレオンに支配された地域では，ナポレオン支配期に封建的諸特権の廃止や都市における営業の自由，地方行政改革などの改革が行われたが，そうした諸改革は多かれ少なかれウィーン体制下でも存続することになった。また，プロイセンでもナポレオンに対する対抗から農民解放や地方行政改革が推進されたが，これもウィーン体制下で旧に復することはなかった。その結果，ヨーロッパの多くの地域では，農村における貴族や上層ブルジョワジーによる土地集積と農民の農村からの離脱，都市における工業化といった事態が，ウィーン体制下でも徐々に進行していった。

　第三に，フランス革命に思想的な影響を受け，革命の理念に基づく国政・社会改革を推進する必要を自覚する人々を生み出したことである。彼らはウィーン体制による抑圧に反対し，さまざまな形で政治活動を展開していくことになる。また，ナポレオン支配期に重要な役職に取り立てられたものの，王政復古によって解任された人々の抱く個人的な怨嗟が，思想・政治信条に基づく体制批判に加味されていった。

（2）ウィーン体制に反対する動き

　体制批判の活動はウィーン体制の成立から時をおかずして，ヨーロッ

パ各地で起きた。1810年代後半にはドイツ各地で，国家の分裂状態が続く現状を批判する学生たちの結社が結成され（ブルシェンシャフト運動），ドイツ民族の自由と統一を訴える活動を展開した。1820年にはスペインで自由主義将校によるクーデタが発生し，憲法が復活した。スペインでは1812年にナポレオン支配を逃れた政権が，南部のカディスで憲法を制定していたが，その後廃止されていたのである。この政変に影響を受けて，スペイン・ブルボン家の支配下にあった両シチリア王国でも，ナポリやパレルモで秘密結社カルボネリーアとそれに共鳴した軍人たちが蜂起し，新政権が樹立された。翌1821年には，北イタリアのサルデーニャ王国でも自由主義貴族と秘密結社の協働による反乱が起きて，国王が交代した。だが，これらの政変は，オーストリアをはじめとする列強の介入により，短期間で終息を迎えた。また，1825年にはロシアで，ナポレオン戦争に従軍して西欧の自由主義に影響を受けた青年貴族たちが皇帝の専制政治に反対して反乱を起こしたが（デカブリストの乱），ただちに鎮圧された。

　さらに，1821年にはギリシアのオスマン帝国からの独立を目指す秘

図4-1　テガブリストの乱（1825年）
〔ユニフォトプレス〕

密結社フィリキ・エテリアがロシアの支援を受けて蜂起した。この組織はオスマン帝国各地に居住するギリシア人（主としてギリシア語を母語とする人々）によって結成されたもので，この時期にはギリシア語を母語とする人々はギリシア本土よりもむしろ黒海沿岸やエーゲ海沿いなどに多く居住していた。蜂起した勢力とオスマン帝国との対立は長期化したが，ロシアの勢力拡張を恐れるイギリスが介入したことで，最終的に1832 年にギリシアの独立が認められた。これは事実上，英仏露による傀儡国家であったが，それでもウィーン体制の一角に綻びを生じさせるものであった。

（3）七月革命とその後

　次いで 1830 年 7 月に，パリで革命が起きる。1824 年に即位した保守派のシャルル 10 世に対する不満が，ブルジョワジーと民衆の同盟による蜂起という形になって表れたのである。国王は亡命し，革命戦争に従軍した経験をもつオルレアン家のルイ＝フィリップが新国王に即位した。

　このパリでの政変は，隣接するベルギーの独立をもたらすことになる。ベルギー（旧オーストリア領ネーデルラント）はウィーン体制下でオランダ領となったが，オランダによる経済的・文化的支配，とりわけベルギーで多数を占めるカトリック教徒に対する差別政策に対して人々は大きな不満を抱いており，それが七月革命を契機として爆発したのである。列強は他地域への波及を恐れ，年末のロンドン議定書でベルギーの独立を認めた（正式独立は 1839 年）。

　さらに，1830 年 11 月にはワルシャワを中心にポーランドで蜂起が勃発した。ウィーン体制下ではロシア皇帝が国王を兼ねるポーランド王国が成立し，独自の憲法と議会も制定されていた。だが，立憲政は徐々に制限され，デカブリストの乱以降は独立を目指す運動が厳しく弾圧され

ていった。この状況に対して，自由
主義貴族やブルジョワ層を中心に都
市民衆も加わることで，ポーランド
独立を求める大規模な蜂起が発生し
た。だが，翌年初頭にロシアが大軍
を投じて戦闘状態となり，結局，そ
の年の 10 月には鎮圧された。な
お，1831 年には中部イタリアの諸
国でも，自由主義者による政権掌握
と憲法制定があったが，オーストリ
アの介入により，その試みはわずか
2 か月の短命に終わった。

図 4 - 2　1830 年に起きたポーラ
ンド蜂起（ヤン・ロセン画「民衆
を鼓舞するエミリア・プラテル」）
〔ユニフォトプレス〕

　このように，ウィーン体制は決して安定したものではなく，これに反
対する人々の抵抗が武力蜂起という形で頻繁に表面化していた。ウィー
ン体制に対する抵抗は，恣意的な権力の行使＝専制政治に反対し，思
想・行動の自由を確保するという理念＝自由主義と，自らが帰属する集
団（ネイション）とは異なる他者によって支配されている状況を克服し
て，自らの集団による統治を獲得（ないし回復）するという理念＝ナ
ショナリズムという形をとって表れた。自由主義は具体的には憲法と議
会の制定を第一の眼目とし，ナショナリズムは自らの帰属する集団を象
徴するシンボル（国旗・国歌など）を作り出していった。

　しかし，ウィーン体制下では，そうした蜂起によって樹立された政権
のほとんどが列強の軍事介入によって短命に終わり，具体的な成果を残
すことはできなかった。独立を達成したギリシアやベルギーの場合も，
列強の思惑が交錯した末の産物であった。蜂起による政権樹立が短命に
終わった要因はさまざまであるが，最大の理由は運動を担った自由主義

貴族やブルジョワが広範な支持者を獲得することに失敗したことに求められる。いずれの国・地域も人口の大半は農民であったが，農民はこうした動きにはほとんど関与していなかったのである。

（４）イギリスの自由主義

　こうした大陸諸国の動向とは異なり，イギリスは外交面ではウィーン体制の枠組みを支持しながら，内政面では自由主義的な政策を推進していった。1829 年のカトリック教徒解放法（宗教の違いによる規制や差別の緩和），1832 年の第 1 回選挙法改正（選挙資格の緩和），1834 年の東インド会社の中国貿易独占権の廃止（貿易の自由化），1846 年の穀物法の廃止（安価な輸入穀物の流入の促進），1849 年の航海法の廃止（物資を輸送する船舶を国籍によって規制することの撤廃）などである。イギリスは明文化された形で封建的な諸特権の撤廃を宣言することはなかったが，一連の政策を通して既得権益を排していった。

　他方で，1836 年にロンドン労働者協会が設立され，1838 年には「人民憲章（ピープルズ・チャーター）」を公にして，労働者の参政権獲得のための運動が展開された。運動は全国規模に拡大したが，大陸の民衆運動に比べるとデモ行進などを中心とした比較的穏健な民衆運動であった。彼らの出した請願は政府に受け入れられることはなく，政府は労働者の運動に対しては抑圧的な姿勢を崩さなかった。

2. 1848 年革命とその意義

（１）二月革命までの動き

　ウィーン体制に対する人々の不満は 1848 年革命と呼ばれるヨーロッパ規模での革命騒擾へと帰結し，これによってウィーン体制は崩壊した。本節では，1848 年革命の勃発の原因と革命の経緯，それがもたら

したものについて概観する。

　1840年代のヨーロッパは寒冷な気候が続き，とりわけ1845年と46年には穀物の凶作が続いた。アイルランドでは主食となるジャガイモが寒冷な気象条件と疫病の流行により壊滅的な打撃を受け，80万人以上が餓死もしくは栄養不足に由来する疾病によって犠牲になるほどであった。大陸ヨーロッパでも，凶作が続いたことで食糧不足に陥り，1846年と47年にはさまざまな都市で食糧暴動が発生していた。

　騒然とした状況が続くなかで，1848年1月にシチリアのパレルモで民衆蜂起が発生し，両シチリア王国国王フェルディナンド2世は憲法を制定することで蜂起を鎮めようとした。憲法制定の動きは，他のイタリア諸国にも広がっていく。

　同年2月，パリで政変が起きる。度重なる政治スキャンダルを批判する共和派の人々は改革宴会という名の集会を組織し，それに民衆運動が合流する形で蜂起へと発展し，市庁舎を包囲する事態となった。国王ルイ＝フィリップは退位し，突然の権力の空白を埋めるために共和派が中心となって臨時政府が組織された。二月革命である。

（2）三月革命

　二月革命の知らせはまたたく間にヨーロッパ中を駆け巡った。ドイツでは2月下旬にマンハイムで民衆集会が開催され，出版・結社・集会の自由やドイツ議会の設立などを求める三月要求が採択された。3月13日，ウィーンでは三月要求を審議する州議会の議事堂に民衆が乱入して市街戦に発展し，メッテルニヒは宰相を辞任してイギリスに亡命した。さらに，3月18日にはベルリンで，王宮前広場に集まった民衆に軍が発砲したことをきっかけとして市街戦となり，プロイセン国王フリードリヒ＝ヴィルヘルム4世は憲法の制定を約束することで事態を収めた。

こうしてオーストリアとプロイセンというドイツの二大国の首都が三月革命の舞台となり，メッテルニヒの失脚によってウィーン体制は終焉を告げた。

ドイツでは 5 月にフランクフルトで国民議会が開かれ，ドイツ連邦を構成する諸国家から代議員が参集して，憲法制定のための議論を行った。諸国家に分

図 4 - 3　フランクフルト国民議会
〔ユニフォトプレス〕

裂し，中央政府も存在しないなかでの憲法制定は難航を極めたが，とりわけ重大な論点はオーストリアにおける非ドイツ人居住地域（ドイツ語を母語としない人々が多数を占める地域）をドイツ帝国に編入するか否かであった。結局，非ドイツ人地域を含めない形（小ドイツ主義）で1849 年 3 月に帝国憲法が制定されたが，この時点ではすでに 1848 年革命の波は後退局面にあった。プロイセン国王がこの憲法の承認を拒否したのに続いて，オーストリアなど有力な国々が拒否し，国民議会は幕を閉じた。その後，1849 年 5 月から 7 月にかけて，憲法承認を求める帝国憲法闘争が起きたが，プロイセン軍によって鎮圧された。

他方，ハンガリーでは 1848 年 3 月，ウィーンでの革命の直前に小貴族出身の自由主義者コシュートらによってハンガリーの自治を求める請願が出され，4 月にはオーストリア皇帝を君主としつつ，帝国の他の地域からは自立した国家の地位を得た。ハンガリーは国内の他の民族集団に対しては抑圧的な姿勢を示しながらも，自国の自立を守るためにウィーンの中央政府に対抗していく。1849 年 4 月には完全独立を宣言し，コシュートが元首に選ばれた。だが，ウィーン政府は次第に態勢を

立て直すと，ハンガリーに対する軍事的圧力を強めていった。結局，9月までにハンガリーは敗北し，独立に向けた戦いは終わった。

（3）イタリア諸国の革命騒擾

　オーストリアの支配下にあったミラノやヴェネツィアでも，三月革命を受けてオーストリアからの自立を求める市民が蜂起し，臨時政府が作られた。この機に乗じて，サルデーニャ国王カルロ＝アルベルトはロンバルディアの獲得を目指してオーストリアとの戦争に挑むが，敗れて8月に休戦協定を結んだ。その直後にミラノの臨時政府はオーストリア軍の進攻により崩壊した。

　だが，秋以降，革命の動きは息を吹き返し，教皇国家では1849年2月に「ローマ共和国」が成立して，共和派のマッツィーニも政権に加わった。同じ時期にハプスブルク家の支配するトスカーナ大公国でも，大公がフィレンツェを脱出した。サルデーニャ国王カルロ＝アルベルトは再びオーストリアとの戦争に挑むが，大敗して退位を余儀なくされた。1849年4月以降，オーストリアを中心とする周辺諸国が介入を強めると，トスカーナ，ローマ共和国が相次いで屈した。最後まで抵抗を続けたヴェネツィアの臨時政府も8月に降伏し，イタリア諸国における革命の動きは終わりを告げた。

　こうして，1848年革命はほとんどの国・地域において革命前の政治体制が復活する形で終わった。フランスはこの段階では共和政を維持したものの，労働者の生活改善の試み（国立作業場の開設）は失敗し，大統領に選出されたナポレオンの甥ルイ＝ナポレオンは1852年にクーデタを起こして皇帝に即位した。一見すると大きな変化をもたらすことができなかったという点で，1848年革命は挫折した革命と評されることも多い。しかし，プロイセンやオーストリアでは身分制からの農民の解

放が進み，サルデーニャ王国のように革命期に制定された憲法がその後
も停止されることなく機能した国家も存在した。また，外国支配からの
脱却を求めるナショナリズムの動きが社会のなかに着実に浸透していっ
た。その意味では，この革命は決して挫折に終わったのではなく，新し
い時代に向かうエポック・メイキングとなったのである。

3. ウィーン体制・1848 年革命と亡命者たち

（1）政治亡命者たち

　ウィーン体制が総じて集会や結社の自由を認めず，また，体制に反対
する人々が起こした蜂起や革命騒擾の多くが失敗に終わったために，
ウィーン体制成立から 1848 年革命の終焉にいたるまでの時期には，数
多くの政治亡命者が国外に移動した。亡命者たちはどのようにして国外
に逃れたのであろうか，亡命先での生活をどのように営んだのであろう
か，思想・政治活動をどのような形で継続したのであろうか。

　政治亡命は一般的に急進的な思想や顕著な政治活動の結果として生じ
ることであり，亡命者の出身国との外交にも悪影響を与える可能性があ
るため，亡命者を快く引き受ける国はほとんど存在しない。ただ，一定
の条件で受け入れを容認する国は存在する。この時期においては，スイ
スやイギリス，アメリカ合衆国などがそれに該当する。また，フランス
も七月王政期には亡命者の入国を容認していた。

　スイスやフランスでは亡命者に対する収容施設も設立され，国庫に
よって運営されていた。大きな蜂起ののちに集団で亡命した場合など
は，こうした施設に収容される事例も多かった。たとえば，ポーランド
の 1830 年 11 月における蜂起ののち，数百人のポーランド人がドイツ経
由でフランスに亡命し，収容施設で生活をしていた。彼らは軍人でその
多くが貴族身分に属していた。1833 年にはドイツで革命が起きるとい

う噂を聞き，ドイツに向かうためにスイス国境に入ったところで足止めされ，そのままスイスの収容施設で亡命生活を続けることになった。翌1834年，マッツィーニが組織した青年ヨーロッパのサヴォイア蜂起計画に参加するが失敗し，結局，この事件をきっかけとして彼らはスイスからも追放の憂き目にあった。このように，亡命者は政治状況の変化によって，亡命先からも追放されるリスクを常に背負っていた。

　だが，収容施設で生活した政治亡命者は全体から見れば少数であり，大半は何らかの手段により生活の糧を得ていた。知識人の場合，ジャーナリストとして文筆活動で生計を立てた事例が多く見られる。ただし，亡命先の言語を修得する必要などもあり，生計を立てるには相当の努力を必要とした。なかには，中部イタリアのモーデナ公国出身のアントニオ・パニッツィのように，1820年代に革命的な政治活動のために本国で死刑判決を受けてイギリスに亡命し，英語を修得して大英博物館に職を得て，1850年代に同館の館長にまで昇進したような人物もいる。著名な思想家・活動家の場合，支援者が拠出する資金で生活を支えることもあり得る。カール・マルクスが1848年革命ののちにロンドンで亡命生活を送っていた際に，家業の綿紡績会社に復帰したフリードリヒ・エンゲルスの送金によって生活を支えていたことはよく知られる。

　また，出身地で商人や職人として生計を立てていた人々は，亡命先でも同じ職業に就くことが多かった。その際に重要であったのは，すでに亡命ないし移民をしている同国人のネットワークである。本国から脱出する方法や亡命して身を落ち着ける先を決める際に，ネットワークによって得られる情報が不可欠であった。

図4-4　アントニオ・
パニッツィ
〔ユニフォトプレス〕

1848年革命後に，ドイツやイタリアから多くの亡命者がアメリカ合衆国に向かったが，それはすでにアメリカに同国人のコミュニティが一定の規模で存在していたからに他ならない。

（2）マッツィーニとガリバルディ

　最後に，この時期の亡命者の具体的な生き方を示すために，ジュゼッペ・マッツィーニとジュゼッペ・ガリバルディという2人のイタリア出身者を例にとって見てみよう。

　マッツィーニは，1805年に北イタリアのジェノヴァで医師の家庭に生まれ，大学卒業後に専制政治打倒と憲法制定を求める秘密結社カルボネリーアに加入するが，同志の密告により逮捕され，1831年にフランスのマルセイユに亡命する。そこはイタリア出身の亡命者が集う都市であった。当地で共和主義とイタリア統一を目標として掲げる組織「青年イタリア」を結成したが，武力蜂起の計画が発覚してフランスから退去命令を受け，1833年にスイスのジュネーヴに亡命する。その後，スイス国内で何度か居所を変えたが，その政治活動によりスイスからも退去命令を受け，1837年にロンドンへ亡命した。当初は文筆活動で生計を立てていて，ビジネスにも手を出したものの失敗し，その後は支援者の資金援助で自らの生活と政治活動を展開した。

　その後，短期間のフランス滞在などを経て，1848年革命が勃発するとパリ経由で革命の渦中のミラノ，フィレンツェに入り，さらにローマ共和国成立後にローマに入り政府を指導した。ローマ共和国の崩壊後はサルデーニャ王国の首都トリノ（サルデーニャ王国は1848年革命後，他のイタリア諸国からの亡命者を受け入れる国となっていた）やマルタ，パリなどを転々とした末，再びロンドンを拠点とするようになった。1859年のイタリア統一戦争時にはイタリアに戻るものの，イタリ

ア王国成立後はロンドンやスイスでの生活を続け，ようやく晩年になってイタリアに戻った。イタリアの統一に生涯を捧げた彼は，その人生の大半をイタリアの外で過ごしたのである。

　ガリバルディは1807年にニースで生まれた。ニースは彼が生まれたナポレオン時代にはフランスの直轄領であったが，ウィーン体制下ではサルデーニャ王国領に復帰した都市である。船員となるが，青年イタリアの活動に加担したことで死刑判決を受け，マルセイユを経由して1835年に南米に亡命した。南米に向かった理由は定かではないが，当時ブラジルやウルグアイにはイタリア人の移民や亡命者から成るコミュニティが存在しており，そうした人々との人的ネットワークを利用したものと推測できる。

　当時の南米はスペイン・ポルトガルなどの植民地支配から諸国が独立

図4-5　マッツィーニ（左）とガリバルディ（右）の像
〔イタリアピサにて。筆者撮影〕

したが，いまだ国境は未画定で，かつ国家の枠組み自体も不安定であ
り，独立を目指す地方勢力も多かった。紛争が相次ぐなかで，ガリバル
ディはブラジル南部やウルグアイで戦闘に参加し，類まれな戦闘の指導
能力により勇名をはせることになる。彼がのちにイタリア統一の英雄と
なるうえでの最大の資源は軍事的な指揮能力にあるが，それは南米時代
に培われたものである。その意味で，南米に亡命したことが彼を英雄に
したともいえるのである。

　1848 年革命勃発の知らせを聞いたガリバルディは 13 年ぶりにイタリ
アに戻り，サルデーニャ王国による対オーストリア戦争に参加したの
ち，ローマ共和国の防衛に奮迅する。しかし，戦いに敗れて逃げる途中
で最愛の妻を失い，失意のうちに今度はアメリカ合衆国に亡命する。そ
こで不遇の時期を過ごしたのちに，1854 年にイギリス経由でイタリア
に戻った。ロンドンではマッツィーニとも会談している。そして，1860
年にシチリア遠征によって南イタリアを含むイタリア統一に貢献するこ
とになる。ガリバルディは，船員および軍人としての高い能力によっ
て，亡命生活を乗り越えていったといえる。

68

学習課題

（1） ウィーン体制の特徴はどこにあるのだろうか。フランス革命・ナ
ポレオン時代との関係を中心に考えてみよう。
（2） 1848 年革命では，自由主義とナショナリズムがどのような形で
表現されているのか，整理してみよう。
（3） 19 世紀前半のヨーロッパにおける政治亡命者の特徴はどこにあ
るのか，考えてみよう。

参考文献

喜安 朗『夢と反乱のフォブール――1848 年パリの民衆運動』山川出版社，1994 年
藤澤房俊『マッツィーニの思想と行動』太陽出版，2011 年
的場昭弘『フランスの中のドイツ人――1848 年革命前後の移民，亡命者，遍歴職
人と社会主義運動』御茶の水書房，1995 年
若尾祐司・井上茂子編著『近代ドイツの歴史――18 世紀から現代まで』ミネルヴァ
書房，2005 年
割田聖史『プロイセンの国家・国民・地域――19 世紀前半のポーゼン州・ドイツ・
ポーランド』有志舎，2012 年

5 | イタリアとドイツの統一

西山暁義

《目標＆ポイント》　イタリアとドイツの統一は，ウィーン体制の外交面での破綻が露呈したクリミア戦争ののち，ヨーロッパの国際関係の変容のなかで可能となったという前提を確認する。そのうえで，イタリアとドイツの二つの国民国家が形成されていく過程を追い，領土と住民の間の新たな関係に着目しつつ，統一後の両国の課題，人の動きの推移について学ぶことがポイントとなる。
《キーワード》　国民国家，住民投票，国籍選択

1. 統一の背景

　18世紀後半，フランス革命前夜のヨーロッパの地図と，それから150年近くがたった第一次世界大戦前夜のそれを比べてみると，その間，国家の数が大きく減少していることに気が付くであろう（図5-1，5-2参照）。国家の数が少なくなったということは，一国家あたりの領土が拡大したことを意味する。もちろん，すべての国が均等に領土を広げたわけではない。実際には，それはヨーロッパの中部，イタリアとドイツの統一国家の形成によるところが大きい。

　この二つの統一国家の形成の動きは，19世紀初め，フランス革命やナポレオンの支配に影響を受け，あるいはそれに抵抗するなかで生まれた。しかし，統一運動は1848年の諸革命，いわゆる「諸国民の春」のなかで挫折した。イタリアでは，ローマ共和国がルイ＝ナポレオンの派遣したフランス軍によって鎮圧され，ドイツではフランクフルト国民議

図5-1　18世紀後半ころのヨーロッパの国々

図5-2　第一次世界大戦直前のヨーロッパの国々

会が立憲帝政の提案をプロイセン国王に拒否されたのち，崩壊した。

　革命後の 1850 年代は，ヨーロッパ全体として経済的には発展する一方で，政治的には反動の時代と呼ばれる。しかし国際関係の面においては大きな変化が生じていた。フランス第二共和政の大統領であったルイ＝ナポレオンは 1851 年，伯父ナポレオン・ボナパルトが皇帝に即位した日にクーデタを起こし，翌年ナポレオン 3 世として即位した。彼は反対派を弾圧する一方で，ナショナリズムを政治的に活用し，ヨーロッパ第一の大国としての存在感を示そうとした。それはすなわち，伯父の敗北後，革命輸出国フランスの封じ込めを主たる動機としたウィーン体制の打破であった。その主唱者であったオーストリアのメッテルニヒは 1848 年革命時に失脚したが，ナポレオン 3 世は現状維持を前提とした列強の協調体制そのものに対しても変更を迫ったのである。

　ナポレオン 3 世の標的となったのは，神聖同盟を提唱するなど，ウィーン体制の政治理念的な担い手でもあったロシアであった。その領土拡張をめぐるオスマン帝国との紛争に始まるクリミア戦争（1853 〜 56 年）はヨーロッパ国際関係の大きな転換点となった。フランスは，ロシアのバルカンへの進出と同国への依存（1849 年ハンガリー革命の鎮圧におけるロシア軍の助勢）に対し懸念をもつオーストリアの中立を取り付けることに成功すると，長年の敵であったイギリスとともにオスマン帝国側に立って参戦し，ロシアを敗北に追い込むことに成功した。このことは結果として，列強のなかで保守反動の牙城とされたロシアとオーストリアの関係にくさびを打ち込むと同時に，ロシアは当面内政改革に取り組むことを余儀なくされ，ヨーロッパ国際政治の舞台前面から後退することを意味した。この状況が，ヨーロッパ中部に変更の可能性を生み出すことになる。

2. 統一国家への過程──イタリアとドイツ

（1）イタリア

　こうした国際関係の大きな変動のなかで，イタリア，ドイツともに，統一の中心となったのは1848年時のような革命勢力ではなく，既存の国家であった。イタリアの場合，それは半島北西部に本拠地をもつサルデーニャ王国であった。フランスに隣接するサルデーニャは，トリノを中心とする商工業の発展した地域（ピエモンテ）を擁していた。1848年時には，革命運動とは別に，2度にわたる「イタリア統一」を掲げた戦争をオーストリアに対して起こしたが，外交的に孤立するなかでの小国の蜂起は失敗に終わり，当時の国王は退位に追い込まれていた。しかし，1852年に首相の座についたカヴールは自由主義的な改革を推進しつつ，サルデーニャの拡大の機会をうかがい，フランスに接近した。クリミア戦争では個別の利害対立のないロシアに対してフランスとともに参戦し，その後，1858年にはナポレオン3世とフランス東部の保養地プロンビエールで会談し，ミラノやヴェネツィアを保有するオーストリアをイタリア半島から排除するための戦争にフランスの加勢を取り付け，そしてその見返りに（ウィーン会議以前フランス領であった）サヴォアとニースを割譲することを約した。

　実際，カヴールが1859年4月にオーストリアを挑発しサルデーニャに宣戦布告させると，建設されたばかりの鉄道を使って移動するサルデーニャ軍部隊にフランス軍が加わった。このサルデーニャ・フランス連合 対 オーストリアのなかで，北部，中部イタリアの世論の大勢は，かつて鎮圧された革命の支持者も含め前者を支持し，戦争はイタリア・ナショナリズムを大義名分とするものとなっていった。他方，第9章でも取り上げる，スイス人アンリ・デュナンによる赤十字国際委員会創設

のきっかけとなったソルフェリーノなどでの激戦ののち，オーストリアの敗色が濃くなると，サルデーニャの圧倒的な勝利がフランスの影響力を低下させることを恐れたナポレオン3世は，オーストリアと単独で講和を結んだ。それはサルデーニャにミラノを中心とするロンバルディアの獲得を認めたが，もう一つのオーストリア領であるヴェネツィア（ヴェネト）はオーストリアに残されるというものであった。憤激しつつもカヴールはそれを受け入れざるを得なかった。

　しかし，その後事態はナポレオン3世の思惑を超えて展開することになる。ローマ教皇を中心とするイタリアの連邦化の構想は，サルデーニャがパルマやモデナといった，ハプスブルク家に連なる君主をもつイタリア中部の一群の小国を併合するなかで埋没した。そして1860年5月には，ジェノヴァから1848年革命時の急進派であったジュゼッペ・ガリバルディ率いる1000人の「赤シャツ隊」がシチリア島へと出発した。サルデーニャ領であったジェノヴァからの出航は，ガリバルディとサルデーニャ政府の間に暗黙の了解があったことを示している。

　シチリア島を横断し，イタリア半島南端からナポリへと北上するガリバルディたちの遠征には，地元の困窮した農民，小作農，日雇い労働者といった下層民の支持と援軍が加わり，イタリアのなかで最も保守的と見られていた両シチリア王国を短期間のうちに席巻した。これに今度はカヴールが慌てる番となった。ガリバルディが1848年革命時の雪辱として再びローマまで進軍し，共和国を再興することを恐れたカヴールは，サルデーニャ軍を派遣してフィレンツェを中心とするトスカーナ大公国を併合し，ローマ教皇領の一部を征服したうえで，北上するガリバルディの部隊と合流した。そこでガリバルディは国王に対し「イタリア国王，ヴィットーリオ＝エマヌエーレ万歳」と呼びかけたとされている（「テアーノの握手」）。その場面を描いた絵画はイタリア統一国家の誕生

図5-3 ガリバルディ（左）
とヴィットーリオ＝エマヌ
エーレ2世（右）の会見
〔ユニフォトプレス〕

の場面として後世の国民的記憶に刻み込まれることになる。ただしそれ
は，急進革命派であったガリバルディにとっては立憲王政を認めるとい
う妥協，国王の側にとっては，サルデーニャというこれまでの国に代わ
り，王権神授と主権在民の折衷として統一国家イタリア王国の君主とな
るという妥協という，両者の現実主義的な選択でもあった。

　しかし，イタリアのナショナリストにとって，統一はまだ完成したも
のではなかった。オーストリアに残されたヴェネツィア，そしてローマ
を中心とする教皇領はなお領外に残っていた。さらに，イタリア系住民
が居住する南チロル（アルト・アディジェ）地方やアドリア海の港町ト
リエステなどのオーストリア領が，「未回収のイタリア」として，「回
復」されねばならなかった。このうち，ヴェネツィアは普墺戦争時プロ
イセン側に立って参戦したのちにイタリア領となり，ローマの場合は普
仏戦争時，ヴァチカンの教皇を護衛するフランス軍部隊が撤退した後の
ことであった。このように，サルデーニャ・イタリアは，オーストリア
との対立を基調としつつ，フランス，プロイセンなどとの同盟をたくみ
に利用しつつ，領土を拡大したのである。

（2）ドイツ

　先行するイタリアの統一は二つの点でドイツ統一に大きな影響を与えた。一つは，18世紀半ばのマリア゠テレジアとフリードリヒ2世の時期以来，そしてナポレオン後のウィーン体制のもとで続いていた，ドイツをめぐるオーストリアとプロイセンの主導権争いにおいて，前者の弱体化が後者の立場を相対的に有利にしたことである。そしてもう一つは，社会においても，とりわけガリバルディの活躍に刺激され，フランクフルト国民議会の挫折後の反動の時期に停滞していた，統一国家を求めるドイツのナショナリズムの機運が再び高まったことである。

　そうしたなか，イタリアの同名の組織にならって1859年に結成されたドイツ国民協会は，ブルジョワ市民層の自由主義者たちから構成され，改革と統一を訴えるネットワークの機能を果たすことになった。とりわけ経済的な改革を主張する自由主義者は，ドイツ連邦の多くの国で閣僚に抜擢されるようになった。中欧ドイツにおけるナショナリストたちの主要な問題は，どの国がドイツのサルデーニャになるのか，ということであった。国民協会はそれをプロイセンに見出した。プロイセンもまた，ウィーン会議以降有数の工業地域ルール地方を抱え，ドイツ関税同盟（1834年設立）を主導していたが，その一方で，前述のとおり，フランクフルト国民議会の申し出を拒絶し，また革命後も欽定憲法を認めつつも，国王政府の議会制度に対する不信感は根強かった。しかし，イタリアで統一への動きが進行していた1858年，病気で統治不能となった兄王を補佐する摂政の座に就いたヴィルヘルム（1861年，兄王の死後国王ヴィルヘルム1世）は就任にあたって憲法に宣誓し，改革を約束して「新時代」の到来を印象付けた。それを後押しすべく，国民協会の指導者たちが参加した自由主義政党が「ドイツ進歩党」であり，1861年から1865年にかけてプロイセン下院の最大会派となった。

　しかし，政府と議会の蜜月は短い期間で終わることになる。その原因となったのは，皮肉なことに，統一における重要な手段となりうる，そしてイタリア統一戦争では実際にそうであった，軍隊の改革の問題であった。問題は改革の必要性そのものよりも，そのあり方，そして何より軍事予算における議会の承認をめぐってであった。国王ヴィルヘルム1世や地主貴族（ユンカー）出身の軍首脳たちにとって，プロイセンにおける国王権力の中核である軍の制度に議会の影響力を認めることは受け入れがたいものであった。改革への期待が高かった分，対立も深刻化し，政府法案の否決を続ける議会に対し，1862年には国王は退位を考えるまで追い詰められていた。その前のいわば絶望的な「ばくち」として首相に選ばれたのが，駐仏大使ビスマルクである。ユンカー出身の彼は強硬な保守主義者と目され，実際首相に着任してから議会の同意なく国家予算を通し，また政府内の自由主義勢力の排除にも躊躇がなかった。しかし，政治思想において，ビスマルクはきわめて柔軟であった。そこで彼が参考にしたのが，外交官として現地で間近に観察したナポレオン3世のやり方であった。ナショナリズムと権威主義という当時多くの者が矛盾するものと考えていた二つの理念を，プロイセンがドイツ統一の主導権を握ることで両立しようとしたのである。

　ビスマルクが目を付けたのは，デンマークが同君連合として支配下に置く二つの公国，言語的に混住地域であったシュレスヴィヒと，隣接するホルシュタインであった。すでに1848年革命時にも民族紛争の対象となっていたこれらの地域において，デンマークがシュレスヴィヒの併合を宣言すると，二つの公国のドイツ系住民の反発が強まり，それに対する他のドイツ諸邦の世論でも共感や支援の声が高まった。そこでプロイセンはオーストリアを誘い，1864年デンマークとの戦争にふみきり，それに勝利した。しかしこの時点では，まだ議会の自由主義勢力の反対

の声を抑え込むにいたらなかった。それを実現することになるのは，その2年後，占領地のシュレスヴィヒ・ホルシュタインの統治をめぐる対立から，オーストリアとの武力対立にふみきった普墺戦争によってであった。ドイツ連邦加盟国の多くはオーストリアに味方したが，プロイセンは鉄道の活用や近代的な大砲，銃などの兵器の使用，さらに決戦地ケーニヒスグレーツへの戦力集中によって約7週間という短期間で勝利を収めた。この想定外の短期戦と，将来の同盟国としてオーストリアを追い詰めなかったビスマルクの戦後処理は，メキシコ出兵に軍の主力を割いていたフランスに介入の機会を失わせた。

　プロイセン軍がケーニヒスグレーツでオーストリア軍に勝利したその日（1866年7月3日），プロイセン下院選挙が行われ，進歩党は大きく議席を減らし，保守勢力が躍進した。自由主義勢力はビスマルクを支持するグループと議会主義の原則に忠実であろうとするグループに分断された。プロイセンはこれによってオーストリアを「ドイツ」から排除することに成功し，国家連合であるドイツ連邦よりも結束力の強い連邦国家として北ドイツ連邦の盟主となった。一方，南ドイツ諸邦は独立を保ったが，プロイセンとの軍事同盟を結ぶことになる。

　統一の最後の仕上げとなるのは，ビスマルクの「師匠」でもあったフランス・ナポレオン3世との対決である。ただし，仕上げと言っても，ビスマルクが彼の政策をシナリオ通りに実行したと考えるのは，後から見た視点である。実際，この段階においても，カトリック教徒の多い南ドイツでは，プロテスタント中心のプロイセンに対する反感が根強く見られ，ビスマルクの思惑のとおり事態が推移したわけではない。その突破の機会はスペインから来ることになる。1870年，スペインの新国王にプロイセン王家ホーエンツォレルン家一門の公子が推挙されると，東西から挟まれることを恐れたナポレオン3世は，この提案を断念させる

図5-4　ドイツ帝国の誕生
中央の白い軍服姿の人物がビスマルク。
〔ユニフォトプレス〕

ことに躍起となった。そこに乗じたビスマルクはフランスに宣戦布告へ
と誘導し，南ドイツ諸邦を巻き込む形でプロイセンとフランスの宮廷間
戦争（普仏戦争）を「国民戦争」（独仏戦争）へと転化させた。ここで
も，プロイセン軍の装備，戦術が功を奏し，開戦直後の国境付近での戦
闘から6週間後にはフランス北東部セダンに包囲されたナポレオン3世
が降伏した。しかし，敗北に納得しないパリ市民らは共和制を宣言し，
「国民防衛政府」が戦争を継続したものの，1871年初めには敗北を認め
ざるを得ない状況にあった。そのなかで1月18日には，敵の過去の栄
華の地ヴェルサイユ宮殿において，プロイセン国王をドイツ皇帝とする
建国宣言の儀式が行われた。オーストリアに対してとは異なり，ビスマ
ルクは敗戦国フランスには苛烈な態度で臨み，アルザス・ロレーヌの割
譲に加え，50億フランの賠償金を課した。このことは，新たなヨーロッ
パ国際関係において，独仏関係の緊張を前提にしたものとした。
　ドイツ帝国は，南ドイツ諸邦が北ドイツ連邦に加入する形で成立した

（約 120 年後のドイツ統一では，東ドイツが西ドイツに加入する形であった）。イタリアとは異なり，ドイツは連邦制の国家であり，ドイツ皇帝を兼任するプロイセン国王のほかに 24 の君主国や都市国家が存在した。国会たる帝国議会は男子普通選挙に基づいていたが，上院たる連邦参議院は構成国政府の代表からなり，そして各構成国自体の議会の多くは制限選挙によるものであった。

3.「住民投票」と「国籍選択」

　イタリアとドイツの統一のプロセスを振り返ってみると，まず，新たに加えられる領土の併合をいかにして正当化したのか，そしてそれは住民にどのような影響を与えたのか，という点が注目される。たとえば，イタリア統一戦争では，ブロンビエールの密約に従い，サヴォアとニースという二つの領土がサルデーニャからフランスへ割譲され，ニース（ニッツァ）出身のガリバルディは憤激したとされる。しかし，それは制度的には住民投票の実施という手続きを踏んでのことであった。サヴォアでは，フランスへの編入への賛成が約 13 万票に対し，反対はわずか 235 票，ニースの場合でも，10 パーセントあまりの棄権票を除くほぼすべてが賛成票であった。あまりの完全な編入賛成の意思に対し，ドイツの社会主義者フリードリヒ・エンゲルスは，「サヴォアとピエモンテを分割する意思はどこにもない。（………）住民たちは断固として現状維持を望んでいる」と述べ，投票操作を疑っている。また地元サヴォアにおいても，小規模ながら反フランス編入のデモがあり，ナポレオン 3 世とヴィットーリオ＝エマヌエーレ 2 世に編入への反対と，もし帰属変更が不可避であれば第三国のスイスへの編入を望むという陳情を行っている。賛成，反対どちらの声が強かったのかはともかく，ここで重要なのは，編入にあたり住民の意思を確認するという手続きが実践さ

れたということである。このことは，逆にサルデーニャがパルマ，トスカーナなど中部の小国や，ガリバルディが征服した両シチリア王国，さらにまた，その後ヴェネツィア（1866年）やローマ（1870年）を併合するに際して住民投票を実施したこととも対応している。これらの投票結果も圧倒的な賛成となっており，実質的に賛否を問うというよりは，儀礼的な性格が強かったといえる。しかし，まさにその儀礼を通して，王国の領土的主権が住民の同意によって正当化されたのであり，フランス革命，そしてより直接的には1848年革命からの流れを見て取ることができる。

　一方，ドイツ統一における国境の変更に際しては，地域の自決権としての住民投票が行われることはなかった。確かに，普墺戦争後に結ばれたプラハ講和条約においては，ナポレオン3世の圧力によって，デンマーク語を話す住民の多いシュレスヴィヒ北部において帰属を決める住民投票の実施が規定されていたが，プロイセンはそれを先送りにし，最終的に1879年，敗北後多民族帝国への道を進むことになったオーストリア（・ハンガリー）がドイツ帝国の同盟国になった際に，両国合意のもとで住民投票条項は破棄された。また，シュレスヴィヒ・ホルシュタインのドイツ系住民自身の多くが北ドイツ連邦（のちのドイツ帝国）の自立した構成国となることを望んでいたが，それは実現せず，プロイセンの一地方となった。そして，普墺戦争時にはハノーファー王国やフランクフルト市などは，問答無用の形でプロイセンに併合されることになる。とくに後者では，プロイセン軍の厳しい占領統治とそれに反発する住民との間の板挟みとなった市長が自殺するという悲劇もあった。

　地域の帰属を住民の意思に委ねる住民投票に代わり，ドイツ統一戦争において認められたのは国籍選択という制度であった。これは個人，あるいは家族（世帯主）がその意思によって割譲した国の国籍を保持する

ことを認める制度である。実際，デンマーク戦争においては北シュレス
ヴィヒのデンマーク系住民にこの選択肢が与えられた。そして 1871 年
には，フランスから併合されることになったアルザス・ロレーヌの住民
に対してもこの制度が用いられている。アルザス・ロレーヌの場合，そ
の大半がもともとドイツ語系の地域語が話されていた地域であり，また
ルイ 14 世，15 世の時代に初めて正式にフランス領となり，それまでは
神聖ローマ帝国の一部であった。このことから，ドイツへの帰属を歴史
的権利の回復とみなすドイツ側のナショナリズムと，フランス革命以降
の民主的な国民観念に基づく住民たちの愛国心を強調するフランス側の
ナショナリズムの間で，「国民」とは何かをめぐる論争が展開された
が，勝者の権利として講和条約には割譲が明記され，代わりに 1 年間の
猶予期間による国籍選択が認められた。これに対し，多くの住民がフラ
ンス国籍を選ぶことによって，国籍選択を実質的に住民投票にすること
も試みられたが，ビスマルクはこれに対し，シュレスヴィヒの場合とは
異なり，フランス国籍を選択したものは退去することを要求するという
圧力をかけて対抗した。その結果，国籍選択したものの退去しなかった
ためにドイツ国籍が（強制的に）付与される者も少なくなかった。それ
でも，フランスへと移住した数は合計で 5 万人を超え，アルザス・ロ
レーヌは人口の 3 パーセントあまりを失うことになる（そのなかには，
のちにフランスで冤罪事件の被告となるユダヤ系将校アルフレッド・ド
レフュスも含まれていた）。このように，二つの統一戦争を通して，国
民国家と領土，個人の意思の関係が問われることになったのである。

4. 統一後の課題と人の移動

　カヴールの前任者としてサルデーニャ王国の首相を務めた政治家マッ
シモ・ダゼーリオは，「イタリアという国家はできた。これからはイタ

リア人を作らなければならない」と述べたといわれる。このことは，イタリアのみならず，ドイツについても当てはまることであった。

　イタリアについてみれば，住民投票という手続きとは裏腹に，とくに南部における農民や匪賊(ひぞく)の蜂起は統一後10年近くにわたって続き，鎮圧するイタリア王国軍もあわせ，暴力がはびこる状況は住民を不安に陥れた。この状況は，統一が促進した自由主義的近代化が農民や地域社会をかえって困窮に追い込んだことが背景としてあった。自由主義的ナショナリストが期待した「イタリア人」という観念にも，こうした（現在まで続く）経済的，社会的なイタリアの南北格差と，文化的な相違の壁が立ちはだかっていた。統一後イタリアにおけるデ・アミーチスのベストセラーの一つ，『クオーレ（愛の学校）』（1886年）の冒頭に，「カラブリアの少年」というエピソードがある。ピエモンテの中心地トリノに住む主人公が通う小学校に，イタリア南部から転校生がやってきたという話である。「その少年は，あさ黒い顔に，黒い髪の毛で，黒い大きな目をしていて，こいまゆ毛がひたいで一本につながっていた。服は何から何まで黒っぽく，腰の周りには，黒いモロッコ皮のバンドをしていた」というエキゾチックな風貌の少年を紹介する先生は，生徒たちに次のように語りかけている。「カラブリアの子どもがトリノに来ても，自分の家にいるのと同じ気持ちになれるように，また，トリノの子どもがカラブリアのレッジョへ行っても，自分の家にいるのと同じ気持ちになれるようにするために，私たちの国は，50年ものあいだ，戦ったのです。そして3万人ものイタリア人が死にました。」（柴田治三郎訳，一部の表記を改めた）ここに描かれているのは，あくまでもナショナリストから見た「あるべき」イタリアのイメージであった。

　ドイツでは，イタリアのように暴力をともなった蜂起は起こらなかったものの，宗教，階層，民族など社会を走るさまざまな分断線がむしろ

統一によって表面化することになった。統一直後に問題となったのはカトリック教徒の存在であり，少数派を標的として多数派を結集しようとするビスマルクの政略の最初の標的とされた。そしてそこには，ドイツ人の国民国家の成立によって，民族的な少数派となったポーランド人も含まれることになる。政治活動を行うカトリック聖職者が弾圧され，投獄，亡命するケースも少なくなかったが，この弾圧政策は少数派としての結集を促すことにもなり，その後ビスマルクは標的を社会主義者へと移すことになる。このように，武力による国家統一ののちの両国の国民統合は長い時間を要するプロセスであった。

　なお，上に取り上げた『クオーレ』には，日本でもアニメ化されて有名となった「母をたずねて三千里」が含まれている。ジェノヴァの少年マルコがアルゼンチンに出稼ぎに行って消息不明となった母親を単身で探し，数々の苦難を乗り越えて再会し，晴れて故郷に戻るという話である。実際，イタリア人の移民（出稼ぎや移住を含め）は，むしろ統一以降，20世紀初頭にかけて本格化していくことになる。国内における近代化が北部を中心に進む一方で，大西洋移民の出身地は中南部へと，目的地も中南米から北米，アメリカ合衆国へと，その重心を移していくことになる。のちにグローバルフードとなるイタリア料理のピザがアメリカで広がっていくのも，ちょうどこのころのことであった。

　ドイツの場合，大西洋移民の圧倒的多数はアメリカ合衆国であり，統一以後ではその割合は90パーセントに及んだ。ブラジルを中心とする中南米においてもドイツ移民のコロニーが形成されたが，割合として見れば，イタリアと比べると明らかに少なかった。一方，国内の工業化や都市化のスピードはイタリアよりも急速であり，農業中心の東部から工業の中心地である中西部への国内移住の動きが加速した。とくにルール工業地帯の都市は，急速な人口増加を経験することになり，そこには多

84

くのポーランド系移民も含まれていた。このことは歴史的な都市人口統計が示す推移以上のものであり，あえて単純化していえば，1000人の人口増加の裏には，移入する1万人と，よりよい賃金を求めて移出する9000人の存在があった。そして，世界的に経済が上向きとなる1890年代となると，国外に流出する人口は急減し，むしろイタリアを含め，中東欧からの移民を受け入れる国となっていった。

　イタリアとドイツの統一を経て再編されたヨーロッパの国際関係は，その後第一次世界大戦にいたる約半世紀のあいだ続くことになる。その間，両国をはじめとするヨーロッパでは，領土を囲い込もうとする動きと，それを越える動きの二つのベクトルが交差していくことになるのである。

学習課題

（1）　イタリアとドイツの統一における共通点と相違点は何であろうか。たとえば，本章に掲載した両国の建国を描いた絵画（図5-3，図5-4参照）などを題材に考えてみよう。

（2）　イタリアとドイツの統一の間に，日本では明治維新が起こっている。（1）の課題をふまえつつ，日本の近代国家形成も比較してみよう。

（3）　19世紀半ばのイタリア，ドイツ統一時の住民投票と，第一次世界大戦後の「民族自決権」について比較してみよう。

参考文献

デ・アミーチス『クオーレ——愛の学校』（柴田治三郎訳）旺文社文庫，1971 年

伊藤定良『ドイツの長い 19 世紀——ドイツ人・ポーランド人・ユダヤ人』青木書
　　店，2002 年

北村暁夫『イタリア史 10 講』岩波新書，2019 年

藤澤房俊『「クオーレ」の時代——近代イタリアの子供と国家』筑摩書房，1993 年

望田幸男『ドイツ統一戦争——ビスマルクとモルトケ』教育社，1979 年

若尾祐司・井上茂子編著『近代ドイツの歴史—— 18 世紀から現代まで』ミネルヴァ
　　書房，2005 年

6 | 移民の世紀

北村暁夫

《**目標＆ポイント**》　19世紀は大量のヨーロッパ人が国境を越えて移民した時代であった。彼らはどの国からどの国へ向かって，いかなる理由で移民したのであろうか。また，移民の受け入れ国は彼らをどのような形で受け入れたのであろうか。「包摂」と「排除」という二つの観点から見ることがポイントである。

《**キーワード**》　奴隷，年季奉公，連鎖移民，トランスナショナリズム，包摂，排除

1.　移民の世紀

（1）「移民」とは誰か

　本章では，ナポレオン戦争後から第一次世界大戦勃発までの時期を中心に，ヨーロッパ人移民について概観する。

　そもそも「移民」とは誰のことを指すのであろうか。その定義は多様であるが，ここではさしあたり，「労働を目的として国境を越える人々と彼らに同伴する家族」ととらえることにしたい。

　第3章で見たように，19世紀には労働を目的として国内で移動する人々が多く存在した。彼ら／彼女らのことを「国内移民」と呼ぶこともあるが，本章では国内での移動については「移民」のカテゴリーには含めず，考察の対象とはしない。もっとも，一人の人物がある時期は国内で移動し，ある時期には国外に移民するという事例もありえたし，一つ

の村落から国内移動をする人々と国外に移民する人々が同時に存在した
という事例は枚挙にいとまがない。移動する人々の立場に立てば，確か
な職や収入が確保できるのであれば，移動先が国内であるか国外である
かは，さしあたり決定的に重要なことではなかった。したがって，国内
での移動と国外への移民を全く異なる現象とみなすことは誤りである。
　それでもここで両者を区別し，国外への移民を中心に概観するのは，
ヨーロッパで国民国家が形成されていく 19 世紀において，国境を越え
ることが以前よりも重要な意味をもつようになったからである。19 世
紀に入って封建的諸特権が廃止されるとともに，国内の移動は自由化さ
れていったが，他方で，自国民と外国人との区別は厳格化されていく。
それゆえ，移動する人々自体が同じ論理のもとで移動をしたとしても，
国内移動と国外への移民では，移動する人々に対する眼差しや，管理・
監視のあり方はかなり異なるものとなっていくのである。

（2）「大西洋移民」とヨーロッパ内部の移民

　19 世紀におけるヨーロッパ人の移民について考察する際に，通常，
言及されるのは南北アメリカ，とりわけアメリカ合衆国への移民であろ
う。確かに，この時期のヨーロッパ人移民について，アメリカ合衆国へ
の移民は最も規模が大きく，その意味で最も重要であるということがで
きる。だが，本章では対象をアメリカ合衆国，あるいは南北アメリカ・
オセアニア（ヨーロッパ人が「新世界」と呼んだ，これらの地域への
ヨーロッパ人の移民を今後「大西洋移民」と呼ぶことにする）に限定す
ることなく，ヨーロッパ内部での移民についても考察の対象とする。な
ぜならば，国内移動にかんして述べたのと同様に，一人の人物がある時
にはアメリカ合衆国に移民し，ある時にはヨーロッパ内の他国に移民す
るという事例や，一つの村落内で海を渡って南北アメリカに移民する

人々とヨーロッパ内の他国へ移民する人々が混在しているといった事例が数多く存在するからである。また，20世紀に入ってから，ヨーロッパ諸国は全体として移民の送り出し国から受け入れ国へと転じていくことになるが，実はすでに19世紀のある段階から移民を受け入れ始めていた国・地域が存在しているのであり，20世紀におけるアジア・アフリカ・中南米からの移民受け入れを19世紀からの連続性のなかでとらえる必要があるからである。

　ただし，船で大西洋を横断し，下船して入国審査を受けるというシステムが19世紀後半には完備されていった南北アメリカとは異なり，ヨーロッパ（とりわけ大陸部）では第一次世界大戦後まで移民の出入国を管理する体制は整っていなかった。国家単位での総力戦の経験を経て初めて，パスポートによる出入国管理が一般化していくことになる。それまでは移民に対する管理は出入国の段階においてではなく，たとえばフランスの事例に顕著なように，就業に際しての労働手帳の取得と必要事項の記載という形で行われていたのである（もっとも，労働手帳の所持はフランス人労働者にも義務付けられていた）。それもあって，入国審査によって移民の流入にかんする統計資料が作成された南北アメリカの諸国に対して，ヨーロッパ内部の移民にかんしては数量的な把握が容易ではない。国勢調査によって調査時点での外国人人口を知ることはできるが，その数字は移動の実態を反映するものではないのである。

2. 移民の実態

（1）移民の原因

　表6-1は19世紀半ばから20世紀初頭にかけての大西洋移民についてヨーロッパの国・地域別の移民数を示したもの，表6-2はほぼ同時期の南北アメリカ・オセアニアの移民受け入れ数を示したものである。

表 6 - 1　ヨーロッパの国・地域別移民数（1846-1920 年）

	1846-1860	1861-1880	1881-1900	1901-1920	合　計
イギリス（アイルランドを含む）	2,308,223	3,250,748	3,138,325	5,278,839	13,976,135
ドイツ	804,083	1,260,423	1,869,274	365,192	4,298,972
スウェーデン	26,070	224,959	532,018	310,062	1,093,109
ノルウェー	48,070	183,339	281,542	252,379	765,330
イタリア	25,900	395,249	2,570,980	5,809,286	8,801,415
オーストリア・ハンガリー	33,190	150,841	1,159,718	3,130,333	4,474,082
ロシア（ポーランドを含む）	935	60,853	768,643	1,331,355	2,161,786
スペイン	14,700	96,835	1,363,429	2,396,630	3,871,594
ポルトガル	67,455	210,292	451,215	725,770	1,454,732
その他	665,769	286,176	1,843,866	1,490,854	4,286,665
合　　　計	3,994,395	6,119,715	13,979,010	21,090,700	45,183,820

出典：歴史学研究会編『講座世界史 4』資本主義は人をどう変えてきたか，東京大
　　　学出版会，1995 年，p.169 より流用。原典は W.F.Willcox（ed），International
　　　Migrations（New York, 1929），pp.230-231.

表 6 - 2　南北アメリカ，オセアニアの移民受け入れ数（1821-1920 年）

	1821-1840	1841-1860	1861-1880	1881-1900	1901-1920	合　計
アメリカ合衆国	715,247	4,204,084	4,582,521	8,535,414	13,341,140	31,378,406
カナダ	331,280	623,269	503,097	595,970	2,187,669	4,241,285
アルゼンチン		20,000*	420,455	1,489,448	2,969,022	4,898,925
ブラジル	10,261	128,542	316,699	1,674,808	1,481,292	3,611,602
オーストラリア			259,321	459,728	1,491,449	2,210,498
その他	27,670	50,695	588,021	469,353	1,645,671	2,781,410
合　　　計	1,084,458	5,026,590	6,670,114	13,224,721	23,116,243	49,122,126

注：＊　1856-60 年の数値
出典：上掲書，p.168 より流用。W.F.Willcox（ed），op. cit, pp.236-238.

いずれも 20 世紀前半の研究における推計値であるが，おおよその傾向
を知るうえでは有効であると考えられる。これによると，100 年の間に
5000 万人にも及ぶ移民が大西洋を横断したことになる。これに対して，
すでに述べたように，ヨーロッパ内部での移民については具体的な数を
算定することは困難である。だが，イタリアの公式の移民統計（1875
年から 1925 年まで資料が存在する）によれば，50 年間で大西洋移民が
延べ 890 万人であったのに対して，ヨーロッパ諸国への移民は 770 万人
であった。このことからも，大西洋移民と比べても決して小さいとはい
えない数の人々がヨーロッパ内部で国境を越えて移動していたものと判
断できる。

　それでは，なぜこれほど多くの人々が国外での労働を求めて移民に
なったのであろうか。きわめて単純化していえば，送り出し国における
労働力の過剰と受け入れ国における労働力の不足が原因である。そこで
問題となるのは，一方における労働力過剰と他方における労働力不足が
なぜ生まれたかということである。

　送り出し国における労働力過剰の原因は，第 3 章で述べた，大規模な
国内移動とほぼ同一である。すなわち，人口の急激な増加および，農業
革命や封建制諸特権の撤廃ないし緩和にともなう農村における農業労働
力需要の減少と，産業革命の進行にともなう農村の家内工業の衰退と
いった要因である。

（2）受け入れ国側の要因

　受け入れ国側の要因として，大西洋移民にかんしては，まず奴隷貿易
と奴隷制の廃止による労働力不足が挙げられる。奴隷貿易は 1810 年代
にイギリス，オランダ，フランスで相次いで禁止され，奴隷制自体も
1833 年のイギリスを皮切りに 19 世紀中に廃止されていった。奴隷に代

わる労働力として，ヨーロッパからの労働力が求められるようになる。

　奴隷の他に，イギリスでは 17 世紀から 18 世紀にかけて年季契約奉公人が北米植民地に向かって大西洋を渡っていた。年季契約奉公人とは，渡航費や渡航先での生活費の一部を事前に支給される代わりに，渡航先で半強制的な労働に従事した人々である。17 世紀半ばから 18 世紀半ばまで 30 〜 40 万人が年季契約奉公人として海を渡った。彼らの出自は下層民衆（農業奉公人や職人の徒弟など）であり，北米のタバコ・プランテーションなどで労働した。だが，18 世紀に入ると，彼らの逃亡や反乱が相次ぎ，管理するためのコストが割高になったために，次第に制度として衰退していった。

　また，19 世紀の南北アメリカ・オセアニアでは，ヨーロッパ系住民による新たな植民活動が展開していった。新たな農地の形成を目指す開拓が基本であったが，時にはカリフォルニアやオーストラリアで起きたように金採掘（ゴールドラッシュ）という副産物を生むこともあった。開拓民として入植したヨーロッパからの移民は，各国でそれまで先住民が支配していた領域を奪いながら，内陸に入植していく。

　さらに，19 世紀後半になると，アメリカ合衆国を中心に工業化が急速に進展し，労働力の需要が高まった。工場労働だけではなく，都市整備のための建設労働にも労働力需要があった。

　他方，19 世紀のヨーロッパで他のヨーロッパ諸国から大規模に移民を受け入れるようになった国としてフランスやイギリス，ドイツなど挙げることができるが，これらの諸国が外国人の労働力を必要としたのは，工業化と都市化が急激に進行したことによって，国内の農村からの労働力移動だけでは需要を満たせなくなったからであった。また，農村人口が減少したことにより，農村でも播種や収穫など労働力需要の高まる時期に労働力が不足する事態が生じ，それを補うために国外から季節

的な労働力が求められたという事情もあった。

（3）経済的要因以外の要因

　移民の大規模化を促進した別の要因として，移動手段の革新が挙げられる。19世紀初頭に蒸気船が実用化されたのちも，しばらくの間は大西洋航路の主力は帆船であったが，19世紀後半には蒸気船が一般化していく。1870年代にはロンドン～ニューヨーク間は片道8日前後で航行できるようになった。船舶も大型化し，大量の乗客を比較的短い時間で輸送することが可能となったことで，大西洋移民はその数を増していくことになった。

　また，鉄道も19世紀を通じてヨーロッパや南北アメリカで敷設が進んだ。ただし，鉄道運賃は相対的に高額であったために，労働を目的としてヨーロッパ内部を移動する人々が利用することはあまりなかった。依然として彼らの移動手段は徒歩であった。移民の鉄道利用が一般化するのは20世紀に入ってからのことである。

　さらに，移民の背景として，時代や集団の固有の事情をみることもで

**図6-1　ヨーロッパから
アメリカに向かう移民船**
〔ユニフォトプレス〕

きる。たとえば，1840年代にはアイルランドで大規模な飢饉（ジャガ
イモ飢饉）が発生し，飢餓状態から脱出するために多くの人々が隣のブ
リテン島（当時，アイルランド全体がイギリスの植民地であったため，
国内移動の扱いになる）やアメリカ合衆国に渡った。また，19世紀末
には，ロシア帝国領内でユダヤ教徒に対する大規模な迫害の動き（ポグ
ロム）が数度にわたって発生し，それがユダヤ教徒をヨーロッパ内部や
南北アメリカへの移住に向かわせた。ただし，アイルランド人やロシア
のユダヤ教徒はこうした特殊な事態が起きる以前から，経済的な理由で
すでに移民をしていたのであり，飢饉や迫害は移民をいっそう促進する
要因として作用したとみるべきであろう。

（4）斡旋活動と「連鎖移民」

　大規模な移民の流れが生まれる初発の段階では，しばしば斡旋活動が
重要な役割を果たすが，19世紀のヨーロッパ人の移民にかんしてもそ
れは該当する。斡旋活動には受け入れ国の行政機関のイニシアティブに
よるものや民間の斡旋業者によるものなど，さまざまなタイプが存在し
ていた。大西洋移民における斡旋活動においては，しばしば渡航費用を
前貸しし，それと引き換えに指定された条件で労働に従事するという契
約が結ばれた。契約上では移民の自由度は高いものの，実態としてはか
つて行われていた年季契約奉公人とあまり変わらない状態で労働に従事
していたといえる。

　これに対して，移民という行為が慣行化されていくにつれて，先に移
民した人々が家族や親族，同郷者に対して移民先での情報を提供した
り，渡航費用や移民先での住居や食事を提供したり，時には就職先を紹
介したりするなど，さまざまな便宜を提供するようになっていく。移民
たちの間にネットワークが形成されることによって，同じ地域の出身者

が移民先でもコミュニティを形成するようになるのである。これを移民史研究では「連鎖移民chain migration」と呼ぶ。これは時代や地域を越えて，さまざまな移民集団に見られるものであるが，19世紀のヨーロッパ人移民にかんしても広く見られた現象である。

　かつての移民史研究では，移民はしばしば郷里との紐帯を断ち切られた「根無し草uprooted」ととらえられてきた。しかし，近年はむしろ，移民は郷里との紐帯を強く維持する傾向が強かったことが強調されるようになっている。実際に，アイルランドからアメリカ合衆国への移民やその第二世代，第三世代にあたる人々がアイルランド独立運動を支援したことに示されるように，政治，経済，文化の諸側面で，移民先の国に定着しても，なお郷里との紐帯を維持する事例は多い。こうした移民のあり方は，今日トランスナショナリズムという言葉で表されている。

　また，「移民」という言葉には，しばしば「定住」「永住」というイメージがつきまとう。しかし，実際には郷里と移民先との間をたびたび往復する循環型ないし出稼ぎ型の移民は19世紀から数多く存在していた。ヨーロッパ内部での移民はとりわけその傾向が強かったが，大西洋移民にも郷里との間を往復していた人々が相当数存在していたことは知っておくべきである。航海の日数が短縮されることによって，そうした移動の形態をとる人々は増大する傾向にあった。

（5）移民とジェンダー

　移民のジェンダーにかんしては，19世紀のヨーロッパ人移民は総じて男性の数が女性を大きく上回る傾向にあった。19世紀前半のアメリカ合衆国への移民については，内陸への入植を目的とした家族全体での移民が多かったために，男女比はおおよそ均等であった。南米諸国への農業移民（開拓やプランテーションへの入植）やヨーロッパ内部での炭

鉱への移民，ポグロムによるユダヤ教徒の
移民なども，同様の状況にあった。だが，
都市部に向かった移民にかんしては，建設
労働者を中心に男性が圧倒的に多数を占め
ていた。第 3 章で見たマルタン・ナドの場
合と同じく，男性が出稼ぎ型の移民をする
一方で，女性は郷里での生活を維持するこ
とが多かったのである。ポルトガル移民を
研究する歴史家 C. ブレッテルの言葉を借
りれば，「移動する男と待つ女」という構
図が成立していた。

図 6 - 2　移民家族の 1 コマ
〔ユニフォトプレス〕

　けれども，アメリカ合衆国の移民史家 D.
R. ガバッチアが指摘するように，この時期に女性移民，すなわち自ら
が労働することを目的として移民した女性たちが存在しなかったわけで
はない。また，移民となった男性たちにとって，移民先での生活の比重
が次第に大きくなると，家族を移民先に呼び寄せるという状況も生まれ
てくる。とくに，第一次世界大戦の勃発は，移民たちに対して移民先に
とどまるか，帰国をするかという二者択一を厳しく迫ることになった。
家族の呼び寄せを通じて女性たちも国境を越えることになる。そのなか
から，移民先で新たに賃金労働者として働く女性たちも現れるようにな
るのである。

3．移民の包摂と排斥

（1）アメリカ合衆国の移民

　19 世紀におけるヨーロッパからアメリカ合衆国への移民にかんして
は，大きく二つの時期に区分することができる。一つは 1820 年から

1870 年までの時期である。この時期には，イギリス，オランダ，ドイツ西部，北欧などの出身者が多数を占めた。彼らの多くは宗教的にプロテスタントであり，言語的にも英語ないし英語に比較的近い言語を母語とする人々であった。また，家族をともない，当時の西漸運動の波に乗って，中西部に開拓民として入植する移民が多かった。例外的であったのはアイルランド出身者であり，彼らはカトリックが多数を占め，都市部で下層労働者となることが多かった。

　二つ目の時期は，1870 年ころから第一次世界大戦開始までの時期である。この時期には，イタリアやオーストリア＝ハンガリー帝国，ロシア帝国など南欧・東欧出身の移民が激増した。彼らは宗教的にはカトリック，正教徒，ユダヤ教徒などであり，それまでのアメリカ合衆国で支配的であったプロテスタントはごく少数しか含まれていなかった。また，言語的にもロマンス語系あるいはスラヴ系などの言語を母語としていた。すなわち，これまでの移民集団と比べて，宗教・言語の面で支配文化との距離の大きな集団であった。また，この時期には西部開拓も最終局面に入り（いわゆる「フロンティアの消滅」が宣言されたのが1890 年），それに代わって工業化，都市化が急速に進んだこともあり，帰郷を前提とした出稼ぎ型の移民が増大していった。彼らの多くは男性であり，移民に占める男性の割合が増していくことになる。

　こうした新たなタイプの移民が増大するとともに，合衆国国内における移民に対する視線に変化が生じていく。合衆国では 19 世紀を通じて，建国以来支配的であった英語とプロテスタンティズムに代表される「イギリス文化」を，あとから流入する移民は受け入れたうえでアメリカ社会に統合されるべきであるという考え方が優越していた。いわゆる「アングロコンフォーミズム」と呼ばれるものである。1870 年以降に流入してきたヨーロッパ人移民は，こうした統合のあり方に適応しない存

在とみなされていくのである。

アメリカ合衆国では 1860 年代に奴隷解放が実施されたのちも，解放された奴隷（「黒人」というカテゴリーで一括された）に対する差別が根強く残った。それどころか，19 世紀末には「ジム・クロウ法」と総称されるさまざまな法令によって，人種差別が強化される状況にあった。また，ゴールドラッシュ以降，カリフォルニアを中心に中国人移民が増大すると，次第に彼らを排除する動きが強まり，1882 年には排華法が制定されて中国人の入国が事実上禁止されることになった。

1870 年代に南欧・東欧から合衆国に流入したヨーロッパ人移民は，合衆国において黒人や中国人と法的に同等の扱いを受けたわけではなかった。しかし，彼らより前に合衆国に移民をしたヨーロッパ出身者たちと全く平等の扱いを受けたわけでもなかった。「人種」という観念がそれ以前よりもさらに重要な意味をもつようになった 19 世紀後半において，彼らはヨーロッパ出身であるからといって無条件に「白人」とみなされたのではなく，「完全な白人」と「黒人」との間のグレーゾーンに位置づけられたのである。近年の合衆国の移民史研究では，こうした人々が「白人化」していくプロセスに関心が払われている。

彼らはしばしば管理・監視の対象とされ，彼らのなかでもとりわけ望ましくない人々（犯罪者・疾病を抱える人・識字能力をもたない人）を入国させないための措置も取られるようになった。1891 年 3 月に南部ニューオーリンズで起きた 11 人のイタリア人移民が犠牲になったリンチ事件のように，時として激しい迫害の対象ともなった。この事件を契機として全米に「マフィア」という言葉が知られるようになり，イタリア人移民（とくにシチリアなど南イタリア出身者）は犯罪と密接に結びついた存在として認識されるようになった。

南欧・東欧出身の移民たちが社会的上昇を遂げるなどして，合衆国の

なかで白人社会の一員と認知される（＝「白人化」する）のは，第二世代，おおよそ第三世代の時代，すなわち20世紀半ばのことであった。

（2）ブラジル・アルゼンチン

19世紀を通じてヨーロッパからブラジルに渡った移民は，大きく二つのタイプに分けることができる。一つは，温帯気候が優越する南部三州を中心に，開拓民として入植した人々である。もう一つは，奴隷制廃止以降にコーヒー・プランテーションを中心に小作農となった人々である。

ブラジルがポルトガルからの独立を宣言した1822年の時点で，ブラジルの推計人口300万人のうち100万人がアフリカに起源をもつ奴隷であった。ブラジル政府は白人人口の増大を目的として，（政府の認識では）「未開拓」であった地域，とりわけ気候条件がヨーロッパと比較的類似した南部三州（パラナ，サンタカタリーナ，リオグランデドスル）へのヨーロッパ人の入植を図った。1820年代からドイツ人を中心に入植が始まる。その後，1870年以降はイタリア人を中心に，ヨーロッパ

図6-3　ドイツからの移民が作った都市ブルメナウのドイツ風の市役所
〔ユニフォトプレス〕

のさまざまな国・地域から移民が入植した。彼らは先住民と軋轢を起こ
しながら入植を進め，出身地域の文化を長く維持することになるコミュ
ニティを形成していった。

　これに対して，サンパウロ州を中心として奴隷制に依拠したサトウキ
ビやコーヒーのプランテーションが展開していたが，1888 年に最終的に
奴隷制度が廃止されると，斡旋活動を通じて小作人としてヨーロッパ人
を入植させることが図られた。イタリア・ポルトガルなどから 80 万人
もの人々が移民するが，プランターから奴隷と変わらぬ過酷な待遇を受
けたために，都市などへ逃亡する人々があとを絶たなかった。

　一方，アルゼンチンは 1816 年にスペインから独立した時には 50 万人
にも満たない人口寡少の国家であり，19 世紀半ばから先住民やアフリカ
出身の奴隷の存在に対抗して，ヨーロッパから積極的に移民を招来して
「白人化」することが目指された。パンパ地域の開拓や都市における工
業発展もあって，20 世紀の半ばまでに 1000 万人に及ぶ移民がヨーロッ
パから流入し，1947 年には 1600 万人の人口を擁する国となった。この
国に流入したヨーロッパ人のなかで最大の集団はイタリア人（全体の約
40 パーセント）であり，次いでスペイン人（30 パーセント）であった。

　「白人化」を目指した際に北西ヨーロッパからの移民を想定していた
こともあり，アルゼンチン社会の上層の人々が流入する移民集団，とり
わけイタリア人移民を見るまなざしは厳しく，差別的な論調が目立っ
た。イタリア人移民はアルゼンチン社会を「文明化」する尖兵とはみな
されなかったのである。それでも，もともとの社会が人口寡少であった
ために，移民のインパクトは絶大であった。アルゼンチンではそれまで
の支配的文化と移民（とりわけイタリア人）のもたらす文化が次第に融
合し（「ハイブリッド化」），新たなアルゼンチン文化を生み出していく
ことになる。

（3）フランス・ドイツ

　19 世紀のフランスは，ヨーロッパ諸国のなかで相対的に出生率が低く，人口の増加率も最も低かった。そのため国内の余剰労働力だけでは，工業化・都市化にともなう労働力需要に対応できなかった。そこで，19 世紀半ばからベルギー，イタリアといった隣接する諸国から移民を受け入れるようになったのである。移民は鉱山や工場，建設といった部門に従事したほか，農村でも収穫期を中心とする季節労働に従事した。彼らは帰郷を前提とした出稼ぎ型の移民を行うことが多かったが，フランスに定住する人々も次第に増加した。

　フランスは 1889 年に国籍法を改正したことにより，フランスで生まれた外国人の子どもがフランス国籍を取得することが容易になった。国勢調査などでは第二世代以降はフランス人としてカウントされることが多いため，外国人人口が急激に増大することはなかったが，実際には外国出身者やその末裔は数多く居住していた。フランスの歴史研究では，第二次世界大戦後に急増する旧植民地を中心とする国々からの移民と比べて，この時期にヨーロッパ諸国から流入した移民はフランス社会への統合がスムーズに進んだととらえる傾向が強いが，1892 年に北フランスで起きたベルギー人移民に対する排斥事件や，1893 年に南フランスで起きたイタリア人移民に対する排斥事件（エグモルト事件）など，犠牲者をともなう排斥がたびたび起きていたのであり，フランス社会への統合が決して容易に進んだわけではないことに留意すべきである。

　他方，ドイツは 1870 年ころまでは，アメリカ合衆国を中心に移民を送り出す地域であったが，ドイツ統一後には移民受け入れ国へと転じた。ライン川流域一帯は，かつてアメリカ合衆国への移民送り出しの中心地であったが，工業化の進展とともに一転して国内，国外から多くの労働力を受け入れるようになったのである。これに対し，ドイツ東部で

**図 6-4　エグモルト事件（イタリア
の日曜版絵入り新聞に掲載された事件
を伝える挿絵）**
〔ユニフォトプレス〕

は国外への移民が継続される一方で，甜菜などを栽培する大農場経営で
は収穫期などに不足する労働力をポーランド人の安価な季節労働力で
補った。ポーランド分割によって領土を拡大した東部地域では，もとも
とポーランド人が居住していたが，そこにロシア帝国やオーストリアか
らポーランド人が流入することになったのである。大農場経営者（ユン
カー）や政府は，季節労働者として流入するポーランド人が国内に定住
しないように腐心することなる。

学習課題

（1）　19世紀に多くのヨーロッパ人が移民として国外に向かった理由について考えてみよう。

（2）　移民受け入れ国を一つ選び，その国における移民受け入れの政策と移民に対する社会の対応を調べてみよう。

（3）　大西洋移民とヨーロッパ内部での移民は，どのような点で共通し，どのような点が相違するのか考えてみよう。

参考文献

ダナ・R・ガバッチア『移民からみるアメリカ外交史』（一政史織訳）白水社，2015年

北村暁夫『ナポリのマラドーナ——イタリアにおける「南」とは何か』山川出版社，2005年

北村暁夫・田中ひかる編『近代ヨーロッパと人の移動——植民地・労働・家族・強制』山川出版社，2020年

貴堂嘉之『移民国家アメリカの歴史』岩波新書，2018年

野村達朗『「民族」で読むアメリカ』講談社現代新書，1992年

山本明代『大西洋を越えるハンガリー王国の移民——アメリカにおけるネットワークと共同体の形成』彩流社，2013年

7 | 帝国支配と人の移動 ——イギリス帝国を事例として

後藤春美

《目標＆ポイント》 帝国支配下の人々は，境界に妨げられることなく帝国内を移動した。この章では，19世紀から20世紀半ばにかけてのイギリス帝国を事例として，さまざまな人の移動を見てみよう。また，地図上で赤く塗られた公式の領域支配だけでなく，経済的な強いつながり（非公式帝国）にも目を向けていこう。

《キーワード》 アイルランド，ジャガイモ飢饉，契約労働者，ガンディー，南アフリカ，帝国の絆，女性移民の奨励，公式帝国，非公式帝国

1. はじめに：18世紀末までのイギリス帝国の拡大

　世界地図でイギリスの位置を確認してみよう。イギリスはヨーロッパの北西部にあり，緯度を見ると北海道より高いということがわかる。この緯度の割には，メキシコ湾からはるばる流れてくるメキシコ湾流のおかげで，イギリスは比較的暖かいとされている。ただ，それにしてもイギリスは，元来それほど多様な作物が収穫できる土地ではなかった。

　地形的には日本と同様に海に囲まれている。このような条件により，イギリス人は，早くから豊かな物産を求めて外界に航海していった。16世紀には地中海，オスマン帝国方面へ，そしてその後には大西洋を越えて，カリブ海や北アメリカに乗り出していった。

　18世紀のイギリスは，同じように海外に進出したフランスと，北アメリカやインドで対立した。イギリスは国の収入を海軍に投じ，それに

よって七年戦争（フレンチ・インディアン戦争）などの戦争には勝利を収めたのだが，この戦費を北アメリカ植民地に税として負担させようとしたことがアメリカ合衆国の独立につながった。ただし，この独立後も，アメリカ合衆国はイギリス人にとって人気の移住先であり続けた。

2. ブリテン島にやって来たアイルランド人

18世紀のイギリスにとって，自国より人口が多く，より豊かなフランスは脅威であった。しかもフランスは，同じキリスト教とはいえカトリックの国であった。イギリスは，16世紀からの宗教改革を経て英国教会というプロテスタントの国になっていたのである。

イギリスの大西洋側に目を向ければ，カトリック人口の多いアイルランドがあり，フランスからの援助を得て，イギリスの影響下から脱しようとする者もいた。このことは，イギリスにとっては懸念要因で，1801年に，合同（ユニオン Union）によってアイルランドを連合王国に組み込むこととなった。イギリスはイングランドとウェールズ，スコットランド，そしてアイルランドによって構成されることになった。

すでに1800年より前にもブリテン島におけるアイルランド人は増加していたが，ユニオンは，以後のさらなる増加の基盤を築いた。1800年から1914年の間に，約100万人のアイルランド人がブリテン島に移住し，19世紀末の時点でアイルランド人は，イギリスにおいて最大のエスニック・マイノリティ（少数民族）集団であった。外見的には他のイギリス人とアイルランド人の差違は私たちにはあまりわからないし，現在アイルランド人が特定の地域に固まって住んでいることもない。それにしても1971年国勢調査（センサス）[*i]の時点でも約71万人と，アイルランド人はイギリスで最大のエスニック・マイノリティ集団であり続け，他のイギリス人との差違も残った。

[*i] イギリスでは1801年以来10年ごとに国勢調査を行っている。

　19世紀にアイルランド人が移民した理由はアイルランドでの経済的不安であった。最も重要な事例は，1845年から49年にかけてのジャガイモ飢饉である。17世紀以来，イギリス人の不在地主も多く農業改革が行われていなかったアイルランドでは，限られた品種のジャガイモに頼る食生活が出現していたのだが，このジャガイモに病気が広がり，飢饉になってしまった。1841年の国勢調査によると人口は817万人に達していたが，1840年代末までに飢餓と，体力が落ちていたところに追い打ちをかけた発疹チフスなどの感染症によって，驚愕すべきことに数十万人の人々が死亡した。また，交通手段がすでに改善していたこともあって100万人以上が海外に移住することとなった。多くの人がブリテン島のリヴァプールに渡り，そこから大西洋を渡ってアメリカ合衆国を目指した。アイルランドは，ヨーロッパのなかで，19世紀を通して人口が減った唯一の地域となった。

　30万人ものアイルランド人はアメリカに渡らず，ブリテン島にとどまった。ロンドンやランカシャ（中心地はリヴァプール）などの社会の最底辺で，困難な生活・労働の状態に置かれることになったとはいえ，雇用の機会は存在した。19世紀の間，アイルランド人は都市の労働者階級地区のなかでも貧しく不健康な地域に居住していたようである。しかし，時代を経るにつれて彼らは当初の定住地から分散していった。

　アイルランド人という安価な労働力があったことは19世紀のイギリス経済を支えるきわめて重要な要因となった。アイルランド人はさまざまな職業で働き，とくに肉体労働や非熟練の職種を支えたのである。ロンドンでは臨時雇いの巨大な予備労働力となり，ロンドン以外でも鉄道建設現場や繊維工場で労働者として働き，また，農業労働者として干し草や穀物の収穫を助けた。アイルランド人は，また，イギリス軍にも従軍した。1871年には14歳から54歳の間のアイルランド人男性のうち

4.38 パーセントにイギリス軍従軍の経験があり，これは当時のイングランド人男性の 2 倍以上の比率であった。イギリスが植民地インドにもっていたインド軍に所属したインド人以外の者のなかでもアイルランド人が占めた比率は 40 パーセントと，イギリス本土での人口割合に比し非常に高かった。イギリスの他地域との関係では下に置かれたアイルランド人が，帝国支配という段になると今度はインド人を下に置くという複雑な関係が作られていた。

3. 最も大切な植民地インド

　アメリカ合衆国の独立後，イギリスにとって最も重要な植民地はインドとなった。インドはイギリス貴族の次男以下に「体裁の良い」仕事を与えたといわれている。一つはインド高等文官職であった。これは，1858 年に東インド会社ではなくイギリスがインドを直接支配するようになってから，インドの行政にあたる高級公務員のことをいった。もう一つは，インド軍の将校としての仕事であった。前節でも触れたインド軍とは，イギリス帝国がインドに保持していた軍隊で，イギリス人将校の指揮下にインド人の傭兵が置かれたものであった。イギリスにとって都合がよかったのは，インド軍の経費がインドの財政から賄われたことである。さらに，インド高等文官，インド軍の将校として働いたイギリス人が引退してイギリスに戻ると，彼らの年金もインドの財政から年々イギリスに送金された。

　また，インド人はイギリス帝国のなかで各地に移動し，労働力を提供した。1833 年にイギリス帝国での奴隷制度廃止法が制定され，翌年から奴隷が解放されると，インド人の契約労働者が各地のプランテーションに労働力として送り出されるようになった。送り出し先は時代によって変化し，1866 年まではインド洋モーリシャスの砂糖プランテーショ

ンがほとんどであった。その後，南アフリカの鉱山や，遠くは南米の英領ガイアナやカリブ海のトリニダード，1890 年以降はウガンダなどアフリカの他の地域や南太平洋の植民地にも送られた。インド人はまた，セイロンのコーヒーやビルマの米プランテーションでも働き，英領マラヤにおいてはゴムのプランテーションなどで中国人の労働者とともに働いていた。

　このようにインド人労働者が出て行った押し出し（プッシュ）要因としては，人口的・経済的なプレッシャーが考えられている。北インドのガンジス川流域平野や南インドのマドラス周辺から出た人が多かった。時期としては，1851 〜 60 年が最多で，これは 1857 年のインド大反乱によって多数のインド人が国外に出たためと考えられている。

　初期の契約移民は奴隷を代替した。また，リクルートの際にだましたり，強制したりということもあったようである。ただし，移住した者の多くが移住しようと考えたという点では奴隷と異なる。海外でのよりよい生活を求めたり，故郷での状況から逃れようとしたりしたようである。また，必ずしも男性だけではなく，女性の移住もあった。さらに，移動した土地に永住した者がいる一方，一時的に移住したのちに故郷に帰った者もいた。とくに距離の近い東南アジアからインドに帰ることは多かったようである。（東南アジアに移住した中国人も同様であった。）

　移動する人々を乗せる船は時代ともに大きくなり，その状況も改善していったが，それでも，船のなかでも移住先でも，病気や死亡の率は高いものであった。移民希望者が病気を隠して乗船する場合もあり，コレラのような伝染病も存在していた。また移動した先では，それまでに接触したことのない病原菌に接して発病することもあった。

　インドでナショナリズムが高まると，契約労働者の送り出しも批判されるようになり，インド植民地政府は，1916 年 3 月に送り出しをやめた。

　一方，帝国のなかを移動したインド人には，高い教育を受けた者もいた。ここではガンディーについて見てみよう。

　ガンディーはインド西部のグジャラート地方でアラビア海に面する町に生まれ，イギリスのロンドンに留学して弁護士資格を得た。教育を通してイギリス的な価値観を取り込んでいたため，イギリス留学時代まではとくにイギリスに批判的だったわけではなかった。しかし，帰国後は，イギリス人と同じような学問を修めても同様の出世はできないということに気づかされた。このような若者たちの挫折がインドではナショナリズムの一つの原動力になっていった。

　ガンディーは，知人の紹介により南アフリカで弁護士として働くことになった。南アフリカとヨーロッパ人との接触の歴史を概観しておこう。17世紀，オランダ東インド会社は東洋航路の中継基地としてケープ植民地を建設した。世紀半ばには野菜や食料生産のためオランダ人の入植が始まったが，その後，オランダの力は衰え，19世紀初めのウィーン会議でケープはイギリス領と認められた。アフリカーナー（入植したオランダ人の子孫，ボーア人）は，イギリスの支配を嫌って内陸に移動し，アフリカ人と対立しつつトランスヴァール共和国，オレンジ自由国を建国した。その両国でダイヤモンドや金の鉱脈が発見されたことから，その利権をめぐって干渉を強めたイギリスに，ついに1899年トランスヴァールが宣戦を布告し，南アフリカ戦争が始まった。

　ガンディーが最初に南アフリカに到着したのは，この戦争より前の1893年であった。鉱山の開発のために多くのインド人労働者が送り込まれていた頃である。労働者だけでなく，インド人商人もアフリカに渡っていた。ここでガンディーはイギリス本国にいた時よりも強烈な人種差別を経験した。イギリス人もオランダ人の子孫ボーア人も，アフリカ人やインド人などを差別し，彼らの労働の上に支配を打ち立てていた

のである。

　イギリスをはじめとする帝国には二つの面があった，ということは考えてみる必要があるだろう。一つは，本国である。たとえば，イギリスは議会政治の母国といわれる。政治が模範とされるだけでなく，ラグビー，サッカーなど多くのスポーツもイギリスで生まれた。ガンディーも留学中には強い差別を感じなかったことが注目される。一方で，イギリス帝国を見ると，別の側面が見えてくる。もともとヨーロッパの辺境にいたイギリス人は経済的利益を求めて海外に出て行ったのだが，海軍を中心に軍事力を高め，領域支配も拡大していった。植民地ではイギリスの法律を適用させ，異なった法体系，慣習に従っていた現地の人々から多くを奪っていった。

　1902年に南アフリカ戦争がイギリス側の勝利に終わったのちは，イギリス人とボーア人の和解が進む一方，アフリカ人やインド人に対する差別はむしろ強まっていった。ガンディーは，帝国支配の問題を痛感し，南アフリカでインド人の問題に取り組み，1906年にサティヤーグラハという非暴力抵抗運動を始めた。「サティヤ」は真理，「アーグラハ」は主張するという意味である。抵抗しないのではなく，魂の力，自己犠牲によって真理を貫くという運動であった。

　1915年にインドに帰国したのち，ガンディーがインド国民会議派の指導者として民族運動を率いたことはとても有名である。インドでもストライキ，断食，植民地当局への非協力・不服従などを手法とするサティヤーグラハ運動を行った。

4. 女性移民の奨励と帝国の絆

　1815年から1914年の間には2260万人もの人がイギリスから出て行った。圧倒的に人気があったのはアメリカ合衆国で，人々はリヴァプール

から船出していった。政府の一貫した方針としては，人々の動きへの介入を避ける一方，アメリカ合衆国への移民を奨励しないということがあった。できれば，カナダやオーストラリア，ニュージーランドといったイギリス帝国領に移住してほしいということであった。

　ここでは，1870年代以降の民間団体による女性や子どもの移民奨励について触れておこう。一般的に言って19世紀以降のイギリスでは，政府の指示に従った活動よりも，民間の人々の自発性のほうが尊重されてきた。民間団体のなかには，1830年代から，オーストラリアへの女性移民を奨励するものがあった。これは，男性が単身で移住することが多かったため，男女のバランスをとろうと考えたのである。1840年代には，前述のように移民が増えていたアイルランドから，カナダに行くことも奨励された。1850年には，ロンドンの女性移民協会が最初の女性たちをトロントへ送った。1862年から1892年にかけてはミドルクラス女性移民協会が約400人の教師やガヴァネス（住み込みの家庭教師）といった教育を受けた女性たちに，カナダ，オーストラリア，ニュージーランドへの渡航費を利子なしで提供するという活動をしていた。1880年以降は，いろいろな全国的あるいは地方の協会がイギリス女性移民協会の傘下に集まって活動するようになった。

　このような女性移民を正当化した理屈としては，イギリス国内において女性が慢性的に「過剰」という問題を解決すると同時に，植民地を「文明化」するということが主張された。先にも触れたように，移民の場合，男性が単身で行くことが多かったため，イギリスでは19世紀の後半には100万人もの女性が「過剰」と考えられていた。ミドルクラスの結婚しない女性たちは，品位を落とさずに働ける数少ない職業であったガヴァネスになることが多かった。ただし，供給過剰で，賃金は低かった。女性移民を推進した団体は，このような教育を受けた女性が移

民して，カナダなどですでに定住していたイギリス人男性と結婚すれ
ば，その子どもたちはイギリス風の教育を受け，イギリスとの絆を大事
に思い続けるだろうと考えた。移住する女性たちには「文明の使者」と
いう使命が与えられたのである。

　この時期，すでにカナダは内政に関しては自治を獲得し，イギリス帝
国だけでなく，隣の大国アメリカ合衆国のことも常に視野に入れて物事
を考えるようになっていた。オーストラリアなどもカナダに続く気配を
見せ始めていた。

　折しもイギリスは1870年代には不況に見舞われ，アメリカやドイツ
の台頭の前に，「世界の工場」であることを誇った時期は過去のものに
なりつつあった。この状況を打開していくために，「帝国の絆」の強化
を考える人々が現れ，女性移民の奨励もその一環であったと考えられる。

　「帝国の礎石となるように」貧しい子どもや孤児などを帝国に送ろう
と考える人々もいた。彼らは移民によって児童福祉も実現できて一石二
鳥と考えたのである。たとえば，トマス・バーナルドという慈善活動家
は約2万9000人の子どもをカナダに，約2300人をオーストラリアに
送った。キリスト教宣教団体である救世軍のウィリアム・ブースも同じ
ような活動に従事し，1930年までに20万人もの労働者階級の男女をカ
ナダに送った。

　このような活動には賛否両論があったということは容易に想像がつく
だろう。「過剰」な女性や貧しい子どもたちをイギリスから取り除こう
としているのではないか。彼らにイギリスで福祉を提供するのではな
く，社会経済的な問題を輸出しているのではないか，と議論する人もい
た。また，移住した人々も，期待したような土地や雇用や地位が得られ
ないと不満をもった場合もあったようである。

　さらに，人種という点でも問題を増幅した。というのも，たとえば，

北アメリカへの入植者が圧倒的に独身男性だった時期には，彼らが現地の女性と家族を作ることは当然の選択であった。初期の植民地において異人種間の結婚は当たり前のことだったのである。もちろんその時代にも，白人男性と現地人女性の立場は対等ではなかったが，ヨーロッパの「文明国」とそれ以外の「非文明国」を異なるものとする考え方が強まった19世紀第4四半世紀の帝国主義の時代に，イギリス人の女性も植民地に登場するようになると，白人の優越性と一体性が強く意識されるようになった。現地人女性との内縁関係やそこから生まれた混血の人々は非難の対象となっていったのである。

5. 「非公式帝国」への移動

　ここまでイギリス帝国のなかの，アイルランド，インド，ガンディーを通して南アフリカ，カナダなどの白人移住植民地を見てきた。このようなところは，イギリスが実際に領土支配を行い，当時のイギリスの世界地図を見れば赤く塗られていたところであった。

　しかし，19世紀イギリスの帝国支配において，このような地図上で赤く塗られた部分（「公式帝国」）は氷山の一角に過ぎなかったと考えられている。氷山は水面下に沈んでいる部分が大きいが，帝国も同様で，地図で赤く塗られた部分以外も見なければならないと主張されている。

　そもそも16世紀に海外進出を始めた時から，イギリスにとって領土の獲得はそれほど大きな目的ではなかった。ヨーロッパ辺境に位置したイギリス人は，自分たちの才覚を使って経済的な利益を上げようと考えていたのである。そしてイギリスの特徴は，王侯貴族から庶民まで，才覚を使って利益を上げ，お金を儲けることには何の問題もない，と考えていたことである。

　実際には，イギリスも18世紀までの重商主義の時代や，1880年代以

降の帝国主義の時代には領土の獲得を進めていった。19世紀半ばにも
すでに獲得した領土を手放すようなことはなく，インドの周辺などでは
領土を拡張していた。

　そうであったにしても，19世紀半ばのイギリスにとって，領土の獲
得は重要ではなかったと考えられている。それよりも，関税を課さずに
自由貿易を行うという条約を結んで，すでに産業革命が起こっていたイ
ギリス産業にとっての市場を増やすことのほうが重要だと考えられてい
た。これを自由貿易帝国主義という。そしてイギリスが自由貿易条約を
結ぶことで，イギリスの領域支配下にはないが，非常に強固な経済関係
をもった地域を「非公式帝国」というのである。19世紀半ばのイギリ
スにとっては，現地の人々の福祉や領域の防衛・警備などによる出費も
考えなければならない「公式帝国」よりも，経済的利益のみを追求でき
る非公式の関係のほうがよかったのだと考えられている。

　一方，イギリスとの非公式の関係によって国際社会，国際経済に巻き
込まれた各地では，大きな変化が起こっていった。政治，経済，社会の
混乱によって，イギリスとの関係が不安定になる場合もあった。他の
ヨーロッパ諸国の台頭によってイギリス一国が圧倒的に優位に立つとい
う状況も過去のものとなった。1880年代以降には，イギリスも領土獲
得競争に再び参加することとなった。エジプトを「隠れた保護国」とし
たり，南アフリカ戦争を戦ったりしたのである。

　イギリスと，私たちにもなじみの深い中国との関係を考えてみよう。
1839年，清の大臣林則徐がイギリス商人からアヘンを没収し，1840年
から42年にアヘン戦争が戦われた。イギリスから考えると，アヘンも
含めた自由貿易，イギリス商人の保護が重要だったのである。戦争の結
果，敗北した清朝が南京条約を結んだことはよく知られている。この条
約によって清朝は香港島をイギリスに割譲した。したがって，香港は，

1997年に返還されるまでイギリス公式帝国の一部だった。しかし，イギリスとの経済的な関係において，第二次世界大戦まで最も重要だったのは上海であった。上海に関心をもっていたのはイギリスだけではないので典型例とはいえないが，イギリスにとって非公式な経済関係が重視された場所の一つとはいえるだろう。上海の運河沿いには，1920年代にイギリスが建てた建造物が今も残っている。

　19世紀半ば以降の混乱のなか，中国からは多くの移民が出て，ある者はアメリカ合衆国に渡り，ある者は先に触れたように，イギリス支配下のマレー半島でインド人と一緒にプランテーションで働くことになった。一方，上海にはどのようなイギリス人がやって来たのだろうか。海外に赴いたイギリス人は，一般に，外交官や領事などの官吏，企業の駐在員，定住者，宣教師に分類される。官吏以外のイギリス人について見てみよう。

　中国で活動したイギリスの企業としては，ジャーディン・マセソン商会，バターフィールド・アンド・スワイヤ商会，香港上海銀行などが有名である。そしてこれらの企業の一般社員ですら，イギリス本国では不可能なほど豊かな暮らしを楽しんでいた。

　イギリス人の社交場として，1862年に上海クラブが設けられた。これは，イギリスによく見られる会員制の社交場で，宿泊・娯楽のための施設や図書館，バーなどを提供したものである。会員になるには数人のメンバーから「彼とは知り合いだ（I know him.）」と言って加入を後押ししてもらう必要があったので，上海居留のイギリス人でも全員が上海クラブの会員になったわけではない。

　定住者のなかには，19世紀半ば以来，何世代も中国にかかわり続けた家族もあり，彼らの生活は条約によって開かれた港の存在に依存していた。とくに上海で活動していたイギリス人は上海ランダー

（Shanghailander）と自称して，まるでイギリスの植民地で暮らしているかのような錯覚をもっていた＊ⅱ。

　一般的に言って，イギリス人が植民地や中国など外国に赴いたのは，本国にいるよりもはるかに良い暮らしができる可能性があったからである。自分のイギリスでの状況から逃れるために本国を出た者もいた。ただし，移住によっても本国における階級差が完全に消えることはなかった。定住者には上海クラブに加入しない（あるいは，できない）者のほうが多かった。会費の高さや本国での出身階級が妨げとなっていたのである。さらに，失業などによってイギリス人コミュニティが必要と考える体面を保てなくなった場合は，この地にとどまり続けることも困難だったようである。

　東アジアにやって来た宣教師は教育，医療などの分野で大きな役割を果たした。しかし，中国人や日本人には必ずしもキリスト教の宣教師ではなく，英語教師や医者として認識されている場合も多かったようである。また，彼らはイギリス人コミュニティのなかでも独特の若干閉鎖的な集団を形作っていたと考えられている。彼らのなかにもイギリスから出ることで階級の壁を飛び越えようとした者が多くいたようである。

　さらに，イギリスの植民地から上海にやって来た人々も忘れてはならない。たとえば，上海にあった租界の警察官には英領インド出身のシークも多くいた。頭にターバンを巻いた姿で知られている。また，帝国の拡大にともなって，バグダッドから，インド，香港へとネットワークを広げたユダヤ人（セファルディ）もいた。セファルディには，イギリス流儀を身につけた豊かな者が多くいたが，のちには，ロシア革命やナチスの迫害を逃れて上海にやって来たユダヤ人も加わった。アシュケナージといわれる，このグループのユダヤ人は，難民として上海にやって来た場合が圧倒的で，その生活は往々にして厳しいものであった。

＊ⅱ　参考文献にあげた『上海租界興亡史』のなかで，「帰化人」と訳されているのは上海ランダーのことである。

6. おわりに

　この章では，イギリス帝国のなかでのいろいろな人の移動を見てきた。19世紀から20世紀前半にかけては，イギリス人が帝国に出ていくということが多かった。また，たとえばインド人のように，イギリス帝国のなかで移動する人々が多くいたということも見てきた。

　最後に，第二次世界大戦後は，この流れが大きく変化したということにも触れておこう。第二次世界大戦後，人の流れは，イギリスから帝国ではなく，帝国からイギリスへと変化したのである。また，新しくイギリスに来る人々の出身地も以前とは異なるものとなった。1950年代から60年代にかけて，イギリス帝国に第二次世界大戦後まで支配されていたカリブ海の島々，南アジア諸地域，香港，アフリカ諸地域などから数百万人の人々がイギリスに移住した。イギリス本国での労働力不足が理由であった。そのような人たちがイギリスに定住し，今日では3代目，4代目ともなっている。

　今日イギリスに行って，たとえばロンドンで地下鉄やバスに乗ると，いろいろな人種の人に出会う。もちろん観光客もいるが，旧イギリス植民地からイギリスにやって来て定住している人もまた多いのである。

学習課題

（1）　アイルランド系アメリカ人のなかには，大統領になった人もいる。調べてみよう。

（2）　若き日のガンディーについて，もっと調べてみよう。

（3）　J. G. バラードの小説『太陽の帝国』（*Empire of the Sun*）を読んで，あるいは，それを元に製作されたスティーブン・スピルバーグ監督の映画を見て，主人公の少年はなぜ上海にいたのか，その背景を考えてみよう。私たちとの関係も考えてみよう。

参考文献

井野瀬久美惠『大英帝国という経験』講談社学術文庫，2017 年（原本は 2007 年）

マハトマ・ガンジー『ガンジー自伝』（蠟山芳郎訳）中公文庫，1983 年初版，2011年改版

木畑洋一・南塚信吾・加納格『帝国と帝国主義』有志舎，2012 年

竹中千春『ガンディー——平和を紡ぐ人』岩波新書，2018 年

パニコス・パナイー『近現代イギリス移民の歴史——寛容と排除に揺れた 200 年の歩み』（浜井祐三子・溝上宏美訳）人文書院，2016 年（Panikos Panayi, *An Immigration History of Britain: multicultural racism since 1800*, Pearson-Longman, 2010.）

ロバート・ビッカーズ『上海租界興亡史——イギリス人警察官が見た上海下層移民社会』（本野英一訳）昭和堂，2009 年（Robert A. Bickers, *Empire Made Me: an Englishman adrift in Shanghai*, Penguin Books, 2004.）

クリストファー・ベイリ『近代世界の誕生——グローバルな連関と比較 1780 – 1914』（平田雅博・吉田正広・細川道久訳）第 11 章，名古屋大学出版会，2018

年 (Christopher A. Bayly, *The Birth of the Modern World, 1780-1914: global connections and comparisons*, Blackwell, 2004.)

Harper, Marjory, 'British Migration and the Peopling of the Empire', Andrew Porter (ed.), *Oxford History of the British Empire* (Oxford University Press, 1999), vol. III, chapter 4, pp. 75-87.

Northrup, David, 'Migration from Africa, Asia, and the South Pacific', Andrew Porter (ed.), *Oxford History of the British Empire* (Oxford University Press, 1999), vol. III, chapter 5, pp. 88-100.

8 │ 世紀末文化と人の移動 ──パリとウィーン

北村暁夫

《**目標＆ポイント**》 19世紀末から20世紀初頭にかけて，ヨーロッパにおける文化・芸術の中心地となったパリとウィーンについて，なぜこの二つの都市が文化・芸術の中心地となったのか，都市改造や国家による芸術支援などの観点から理解する。また，文化人や芸術家たちの移動のあり方を通じて，彼らがどのような経緯でパリやウィーンに到来し，いかなる人的ネットワークを形成していったのかを理解する。

《**キーワード**》 世紀末文化，都市改造，万国博覧会，芸術家

---

1. パリとウィーンの都市改造

（1）パリの都市改造

　パリは，皇帝ナポレオン3世治下の第二帝政期に大規模な都市改造を経験し，近代的な都市へと変貌を遂げた。ナポレオン3世はサン＝シモンの社会改良の思想に傾倒し，産業発展と社会改良を調和させたパリの都市改造に意欲を示した。都市改造の実務を担ったのが，ジョルジュ＝ウジェーヌ・ド・オスマンである。彼はドイツ起源のプロテスタントの家庭に生まれ，行政官としての能力をナポレオン3世に認められてセーヌ県知事に抜擢されていた。パリ大改造にあたっては，近代的な生活に適合した都市機能の整備を図る一方で，都市の美観を重視した。

　オスマンによるパリ大改造は，道路整備と公共施設の整備の二つに大別される。道路整備については，交通渋滞の悪化に対処することを最大

の眼目として，幅の広い直線道路を数多く
建設していった。パリ市内をおおよそ東西
方向に流れるセーヌ川を基準として，川と
平行・垂直の2方向に碁盤目状に道路を整
備する一方で，旧市街から新市街に向かう
斜交路を新しく作った。道路が交差すると
ころには広場が作られたが，そうした広場
は中世以来の人が集う機能というよりは，
交通のためのロータリーの役割を担った。
道路造成のために，既存の建物を接収して
破壊することもためらわなかった。また，
新しく作られた道路の両側には比較的均質
な高さの建物が建設された。

図8-1　ウジェーヌ・ド・
オスマン
〔ユニフォトプレス〕

　公共施設の整備としては，公園の造成，上下水道の完備，行政施設や
市場の建物の建設などが挙げられる。このうち，公園にかんしては，街
角に作られた「小公園」，憩いの場として作られた「公園」，かつての森
林を大規模公園に転じた「森」（ブーローニュとヴァンセンヌ）の3種
類から構成された。「公園」のなかには，かつて刑場，屠場として市民
から敬遠されていた場所を，さまざまな趣向をこらすことで魅力的な空
間へと蘇らせた市北東部のビュット・ショーモン公園も含まれていた。
　また，上水道にかんしては，セーヌ川上流地域から取水することを決
定し，運河と水道管を経由して増設された貯水槽に水を貯め，そこから
市内各所に水道管を張り巡らしていった。これにより，急増した人口に
応じた水量を供給することが可能となり，富裕層は自宅でふんだんに水
を使用することができるようになった。他方，下水道はオスマン在任中
に全長が5倍となり，生活排水の大半を下水道に放流することが可能と

なった。

　こうした都市改造により，パリは近代都市へと変貌を遂げた。機能的で衛生的，かつ美観にすぐれた都市が成立することになった。だがその一方で，貧困層は旧市街から一掃され，郊外へと追い立てられていった。たとえば，貧困層の集住地区であったシテ島では大半の住宅が取り壊され，空いた土地に警視庁や裁判所などの行政機関の施設が建設された。シテ島の人口はそれまでの 1 万 5000 人から 5000 人へと激減した。また，地区による棲み分けが進み，富裕層は都市の西部を中心に居住し，零細の商工業者や労働者が都市の東部を中心に居住するという構造が定着した。都市パリの近代化は，社会階級の存在の可視化と表裏一体のものであった。

（2）ウィーンの都市改造

　古代ローマ時代に都市としての起源をもつウィーンは，13 世紀にハプスブルク家の所領となり，神聖ローマ帝国の中心都市として発展を遂げた。1529 年にはオスマン帝国の侵攻を受けるが（第一次ウィーン包囲），辛うじてこれを退けた。これを教訓として，ウィーンは堅固な市壁を築き，その外側に 400 〜 500 メートルの幅で緩やかに傾斜した無人地帯であるグラッシ（斜堤）が市壁をとりまく形に置かれた。1683 年にオスマン帝国の再度の侵攻（第二次ウィーン包囲）を撃退したのち，グラッシの外側に外市壁（リーニエ）が築かれ，ここに民衆が居住する地区が形成されていった。こうして，市壁の内側における宮廷と貴族の世界，外側における商工業者や農民の世界という二重構造が形作られた。

　ウィーンの人口は 19 世紀初頭に 25 万人に達し，市壁の内側は手狭になっていた。そのため，19 世紀前半の主要な公共建築はグラッシの外側で，かつ最もグラッシに近い場所に建設された。パリをはじめヨー

ロッパの他の主要都市で19世紀に入って市壁が除去されていくなか
で，ウィーンは1848年革命を経たのちも市壁が残存していた。

　1857年，皇帝フランツ＝ヨーゼフ1世は内務大臣宛ての親書で，市壁
の撤去と都市拡張の方針を打ち出した。この方針に基づいて都市計画が
作成され，撤去される市壁とグラッシを活用して，旧市街を取り囲む広
大な「空き地」に幹線道路と公共建築，住宅が建設されることになっ
た。幹線道路は約60メートルの幅をもつ環状道路（リングシュトラー
セ）とされ，この道路の両側に大規模な建物が建設された。主な公共建
築として，宮廷歌劇場（1869年竣工）を手始めに，国会議事堂，宮廷博
物館（現，自然史博物館），市庁舎，ウィーン大学などが1870年代から
1880年代にかけて建設された。また，当初の計画が完全に遂行されるこ
とはなかったが，新王宮の一部も建設された。さらに，賃貸の集合住宅
用の建物も多数建設され，リングシュトラーセ沿いの景観を形作った。

　一連の新しい建築群の登場によって，ウィーンの都市景観は一変し
た。パリの都市改造と比べて特徴的であったのは，市壁とグラッシを活
用したことによって，新たな土地の収用にかかわるコストがいっさい必

図8-2　リングシュ
トラーセ沿いに建つ
国立歌劇場
〔ユニフォトプレス〕

要なかったことである。また，リングシュトラーセ沿いに建設された住宅に比較的富裕な市民層が集住することで，貴族的な旧市街地と民衆的な郊外地区の間に，ブルジョワ的な地区が帯状に形成されることになったのも，ウィーンに特有な特徴であった。この新たに形成されたブルジョワ的な地区がその後に花開いたウィーンの世紀末文化の中心地となるのである。

2. パリの世紀末文化

（1）国家の支援とブルジョワジーの台頭

　パリはしばしば「芸術の都」と呼ばれるが，パリがヨーロッパの文化・芸術の中心地となったのはそれほど古いことではない。美術の世界においてはイタリアの威光は 19 世紀に入ってもなお残存していた。18 世紀半ば以降，イタリアからは特筆すべき芸術家や美術作品が輩出されなかったにもかかわらず，フランスの芸術のアカデミーに学ぶ学生にとって最高の栄誉はローマ賞を受賞してイタリアに遊学することであった。

　しかし，19 世紀後半，とりわけ第三共和政期になると，パリは紛れもなくヨーロッパにおける文化・芸術の中心地となった。それはなぜなのだろうか。

　その理由の一つとして挙げられるのが，国家の果たした役割である。フランスでは，美術分野の人材育成の場として 1648 年に王立絵画彫刻アカデミーが設立された。これは革命期にいったん廃止されたが，1817 年にエコール・デ・ボザール（国立高等美術学校）として再編され，美術におけるエリート養成学校となった。また，音楽や舞台芸術にかんしても，ルイ 14 世期に設立された王立音楽アカデミーの付属機関として音楽家養成学校が作られ，革命期の変動を経て，1806 年に国立音楽・演劇学校（コンセルヴァトワール）として再編されて，人材育成が図ら

れた。フランスが国家として芸術振興に力を注ぎ，中央集権的な国家体制のなかで芸術分野のエリート養成学校がパリに作られたことにより，芸術家がパリに集中するという傾向が生まれたのである。

　また，19世紀に入り，都市の上層市民層（ブルジョワジー）が社会の中心的な担い手になっていったことも要因として挙げられる。一般論として，芸術活動が盛んになるためには，それを支援する「パトロン」の存在が不可欠である。ルネサンス期のフィレンツェであれば富裕な市民（とりわけメディチ家）であり，旧体制下のフランスであれば宮廷・貴族が有力なパトロンであった。19世紀のフランスでは，台頭するブルジョワジーが有力なパトロンとなったのである。そして芸術家とパトロンとを結びつける存在として，美術であれば画商，音楽や舞台芸術であればプロモーターが大きな役割を担った。

（2）万国博覧会・プロモーター・芸術家たちのネットワーク

　ただし，こうした要因は19世紀後半に特有のことではなく，またフランスあるいはパリだけに固有な事態ではなかった。パリが文化・芸術の中心地となるうえで，これらが基底的な要因となったことは確かであるが，19世紀後半になってパリが「芸術の都」と呼ばれるにふさわしい都市になったことを説明するためには，この時期のパリに固有な状況を要因として挙げる必要がある。

　そこでまず取り上げるべきは，先述した都市改造である。都市改造によってパリは見違えるほど変容し，近代都市へと変貌を遂げた。整備された都市空間はまさしくドイツの思想家W.ベンヤミンの言うごとく「19世紀の首都」という名にふさわしく，多くの人々を魅了した。他方で，中心地区が整備され，富裕層に占有されるようになると，名もなく貧しい芸術家たちは都市の周辺地区に居住することを余儀なくされた。

　そうした画家や詩人たちが 1870 年代以降に移り住んだのがモンマルトル（北部に位置する丘）であり，19 世紀末から 20 世紀初頭におけるモンパルナス（セーヌ川左岸）であった。都市改造は結果的に芸術家が集住する梁山泊をもたらすことになったのである。

　また，19 世紀後半のパリで頻繁に開催された万国博覧会も，芸術の都としてのパリのイメージを形成することに大きく寄与した。1851 年にロンドンで最初に開催された万国博覧会は，パリでは 19 世紀後半だけで 1855 年，1867 年，1878 年，1889 年，1900 年と 5 回も開催されている。万国博覧会は最先端の技術と自国の文化を披歴することを目的としたもので，まさしく近代主義とナショナリズムを体現する行事である。サン＝シモンの社会改良思想の影響が強かった第二帝政下のフランスでは，フランスの産業発展とイギリスへの対抗という理由から万国博覧会に大きなエネルギーが注がれ，その流れは第三共和政のもとでも引き継がれた。1867 年のパリ万博に日本が初めて参加し，それがジャポニスムの流行をもたらしたことはよく知られている。また，パブロ・ピカソは 1900 年の万博の際に初めてパリを訪れ，この都市に魅了されてパリに暮らすことを決意するにいたった。このように，万博の開催は多くの人々を引きつけると同時に，パリを中心とする芸術の新たな動きを生み出す契機となったのである。

　さらに，芸術作品を売買する会社や個人による活動が活発化し，国際的なネットワークを整備するのが 19 世紀半ばから後

図 8 - 3　1867 年のパリ万国博覧会
〔ユニフォトプレス〕

半にかけてのことであった。たとえば，パリを代表する美術商の一つと
なったグーピル商会は1829年に設立されているが，当初は地理書に掲
載する図表の制作や売買を中心にしていた。同社が本格的に絵画の売買
に乗り出すのは1850年代に入ってからであり，そのころから既存のロ
ンドンやハーグの代理店に加え，ニューヨークやベルリンなど欧米の主
要都市に代理店を設置していった。フィンセント・ファン・ゴッホの同
名の叔父がハーグの代理店を委託され，その縁故でゴッホ自身もグーピ
ル商会に雇用され，ハーグやパリで勤務した経験をもつ。パリでの勤務
は彼が職業画家の道を歩む大きな契機になった。

　このように，19世紀後半にパリは芸術家や芸術に関心のある人々を
惹きつける都市となっていった。そして，ひとたびパリが芸術の中心と
して認知されるようになると，芸術家たちは自らの技量の研鑽を積むた
めに，また芸術家として成功を収めるために，パリに赴き，そこで生活
することを望むようになる。その結果，ますますパリには芸術家が集中
することになる。第6章で，移民が慣行化されると家族・親族や同郷者
が移民先でもコミュニティを形成する「移民連鎖」について触れたが，
芸術家たちは出身地こそ異なるものの，この「移民連鎖」のメカニズム
と同じように，芸術家としての連鎖によってパリに引き寄せられていっ
たのである。19世紀末から20世紀初頭にかけて，パリに外国出身の芸
術家たちが大挙して到来するのは，この連鎖のメカニズムが最も重要で
あったといえるだろう。

（3）印象派展・火曜会・アトリエとなった集合住宅

　次に，芸術家たちがどのようにパリに集まり，そこでコミュニティを
形成していったかについて，具体的な事例を通して見ることにする。
　最初の事例は，いわゆる印象派の人々である。印象派とは，1874年

から1886年まで合計8回開かれた「印象派展」に参加した人々を中心としている。ただし，印象派展に参加したすべての画家が今日において印象派とみなされているわけではなく，また，通常は印象派とみなされる画家のなかには印象派展にそれほど参加していない画家も存在する。とはいえ，印象派展に参加した人々が一定の傾向を共有していたことは確かである。彼らの多くは国立高等美術学校とは無縁であり（ドガやルノワールは一時在籍していた），ローマ賞コンクールで入賞することもなかった。つまり，それまでの美術界における正統としてのアカデミーに対する反発を共有していたのである。彼らを支えていたのは官製の権威ではなく，画商や批評家による支援と絵画を購入するパトロンとしてのブルジョワジーであった。

　彼らのなかには美術の私塾で互いに知己を得た人もいたが，1860年代後半にパリ北西部のクリシー広場に面したカフェ・ゲルボワに集うことで人的ネットワークを形成していった。最初にこの地区に居を構えたのは，印象派に先立ってアカデミーに反旗を翻したエドゥアール・マネであり，彼に続いて作家のエミール・ゾラやエドガー・ドガがカフェに集った。さらに，クロード・モネやカミーユ・ピサロ，アルフレッド・シスレーらがカフェの常連となっていった。

　印象派の画家たちには，パリ生まれのモネ（少年期はノルマンディー地方に在住），ドガ，シスレー（両親はイギリス人），ギュスターヴ・カイユボットや，幼少期に家族とともにパリに移住したピエール=オーギュスト・

図8-4　マネの描いたカフェ・ゲルボワ
〔ユニフォトプレス〕

ルノワールなど，もともとパリにゆかりのある人々が多かった。そのなかで，当時デンマーク領であったカリブ海のアンティル諸島でポルトガル系ユダヤ人の家庭に生まれ，画家を志して1850年代のパリに来たピサロはいささか異色の存在であった。また，女性画家メアリー・カサットはアメリカ合衆国ペンシルベニア州に生まれ，やはり画家を志して1860年代にパリに渡っている。

　印象派展の開催と同時期に，パリで芸術家たちのサークルを形成した事例として，詩人ステファヌ・マラルメが催していた「火曜会」がある。マラルメはパリに生まれたが，学校教師として地方を転々としたのち，パリ・コミューン直後のパリに戻り，教員を続けながら詩作に励んだ。詩人や画家など芸術家と交友を広げるなかでマネと知り合い，親交を結ぶようになる。マネを通じてドガやモネ，ルノワールらとも知己を得ている。また，マネを擁護する批評を執筆するとともに，マネが挿画を描いた自らの詩集を出版している。既成の権威から距離を置いたところで芸術活動を営む彼らは，互いに協力し合うことで芸術家としての地歩を築こうとしたのである。

　1882年ころから，マラルメは毎週火曜日の夜に自宅に友人・知人を招待して談論を交わすようになった。「火曜会」と通称される催しである。そこには，作家のエドゥアール・デュジャルダンや詩人のアンリ・ド・レニエらが頻繁に出席し，1890年代に入るとアンドレ・ジッド，ポール・ヴァレリー，ポール・クローデルといった当時は若き文人たちも顔を出すようになった。マラルメの詩人としての知名度も高まり，新進作曲家であったクロード・ドビュッシーは彼の詩に触発されて「牧神の午後の前奏曲」を作曲している（ドビュッシー自身は火曜会に参加したことはなく，コンセルヴァトワール出身でローマ賞も受賞するなど，「エリート芸術家」のキャリアを歩んでいる）。このように，マラルメの

火曜会は自らの詩作を陶冶する場であるとともに，若い芸術家を薫陶する場としても機能したのである。

　19世紀末から20世紀初頭には，モンマルトルやモンパルナスを中心に若い芸術家たちが集住するようになり，美術の分野では「エコール・ド・パリ」と総称される一群の画家が登場する。

　19世紀末のモンマルトルで芸術家たちの拠点の一つとなったのが，その外観から「洗濯船（バトー・ラヴォワール）」とあだ名された集合住宅である。当初この住宅にアトリエを構えていたのはフランス人画家たちであったが，世紀転換期にイタリア人画家・作家のアルデンゴ・ソッフィチやスペイン人彫刻家フランシスコ・ドゥリオといった外国出身の芸術家が次々にここにアトリエを構えるようになった。その後，ピカソ，オランダ人画家キース・ファン・ドンゲン，イタリア人画家アメデオ・モディリアーニ，ルーマニア人彫刻家コンスタンティン・ブランクーシといった人々が，それぞれ20歳代から30歳代にかけての数年間をここで過ごした。また，画家・彫刻家だけでなく，詩人のギヨーム・アポリネールや舞台俳優のシャルル・デュランといった人々も出入りしていた。

　モンマルトルにやや遅れて，モンパルナスも若き芸術家たちが集うところとなった。その拠点の一つが「蜂の巣（ラ・リューシュ）」と呼ばれた集合住宅である。1900年のパリ万国博の際にパヴィリオンの一つとして建設されたこの建物にも多くの外国出身の画家・彫刻家が集ったが，とりわけ目立つのが中東欧出身のユダヤ人青年たちである。ベラルーシ出身のマルク・シャガールやシャイム・スーティン，オシップ・ザッキン，ポーランド出身のモイズ・キスリングといった画家の名前を挙げることができる。また，イタリアのユダヤ人家庭に生まれたモディリアーニもある時期以降，モンマルトルとモンパルナスとの間で頻繁に

130

図8-5 1910年ころの「洗濯船（バトー・ラヴォワール）」
〔ユニフォトプレス〕

図8-6 モンパルナスの「蜂の巣」
〔ユニフォトプレス〕

転居を繰り返し，「ラ・リューシュ」にも一時期居住していた。彼は母親がフランス出身であることもあり，フランス語が堪能であったが，貧しい家庭に生まれフランス語も満足に話せなかったスーティンの生活の手助けをしていたことはよく知られている。また，藤田嗣治も渡仏後，しばらくここに滞在していた。

　こうして 20 世紀初頭には，芸術家を志す世界中の若者にとってパリは憧れの土地となり，実際に夥しい数の若者を引き寄せることになったのである。

3. ウィーンの世紀末文化

（1）ウィーン世紀末文化の特色

　ウィーンは 1860 年代以降の都市改造や 1873 年に開催された万国博覧会を通じて，それまでのハプスブルク家を中心に形成されてきた宮廷文化に加え，新興市民層による新たな文化が形作られていった。この都市に暮らす人々から，また周囲の人々からも，しばしば旧態依然としていると批判されがちであったウィーンだが，1848 年革命後に成立し，その後，半世紀近くにわたって継続した自由主義的な市政のもとで，新たな文化的創造がなされていく。それは，法学・経済学・言語哲学・美術史学，ジグムント・フロイトによって確立された精神分析学といった諸学術や，音楽，文学，美術，建築など，さまざまな分野に及び，「ウィーン学派」という言葉も生んだ。ウィーンはドイツ語圏，あるいはドイツ文化の中心地であった。

　そうした多様な文化的創造のなかで，ここでは画家グスタフ・クリムトらによる「ウィーン分離派」を取り上げて，その特徴を見てみることにする。クリムトは，1870 年代から 80 年代にかけてウィーンの画壇に君臨したハンス・マカルトの影響のもとに，劇場の壁画制作などを手掛

ける仕事から画業をスタートさせた。
だが，その後新たな作風を追求した末
に，1897年，それまでアカデミーと
並ぶ権威をもつ組織であったウィーン
造形芸術組合から離脱し，新たな美術
家組織であるオーストリア造形芸術協
会を同志たちとともに結成し，その会
長に就任した。彼らは「分離派」と自
称し，1897年から1905年の間に合計
23回の分離派展を開催して，既存の
アカデミーの権威に対抗した。また，

図8-7　クリムト画「接吻」
〔ユニフォトプレス〕

ウィーン市政による支援を受けつつ，1898年には自前の展示会場であ
る分離派会館の竣工にこぎつけている。クリムトは近代画家としては珍
しい正方形のキャンバスを用い，そこに妖艶で退廃的な香りの漂う女性
の裸体画を多く描いた。世紀末ウィーンの文化に特徴的とされる耽美性
が，そこに遺憾なく発揮されている。

（2）学者・芸術家の出自

　クリムトはウィーン郊外の生まれである。画家のエゴン・シーレも
ウィーン近郊の生まれで，作家・詩人でもある画家オスカー・ココシュ
カはウィーン市内に生まれている。他方で，物理学者・哲学者のエルン
スト・マッハはモラヴィア，経済学者のカール・メンガーはガリツィ
ア，作曲家のグスタフ・マーラーはボヘミアの生まれで，いずれも
ウィーン大学や楽友協会音楽院に進学するためにウィーンに移住してい
る。オーストリア=ハンガリー帝国で生を享けた才能ある若者がウィー
ンへと集まるルートが形作られていた。

　だが，こうした出身地の傾向よりも目を引くのは，ウィーン世紀末文化を彩った学者・芸術家に占めるユダヤ系の人々の多さである。彼らのなかにはユダヤ教徒もいれば，キリスト教に改宗した者もおり，宗教に対する態度もさまざまであるが，多かれ少なかれユダヤ文化の影響を受けながら育った人々である。フロイトや同じく精神科医のアルフレート・アドラー，作家のアルトゥル・シュニッツラーやフーゴ・ホフマンスタール，作曲家のマーラーやアルノルト・シェーンベルク，法学者のハンス・ケルゼン，言語哲学者のルートヴィヒ・ヴィトゲンシュタインなど，枚挙にいとまがない。彼らの多くはウィーンの生まれであるが，その両親あるいは祖父母の代にオーストリア＝ハンガリーの領域内からウィーンに移住してきている（フロイトやケルゼンは彼らの幼少期にウィーンに移住している）。19 世紀の後半にウィーンのユダヤ系人口は急増し，1890 年には人口の 12 パーセントを占めるまでになっていた。ユダヤ系の人々にとって，ウィーンは生まれ故郷よりもはるかに大きな行動の自由を提供してくれる都市であり，彼らはそこに大きな魅力を感じてウィーンに移住した。こうしたユダヤ系の人々を中心に，多様な文化的背景をもつ人々がウィーンの世紀末文化を生み出していったのである。

134

学習課題

（1）　19世紀半ばに行われたパリとウィーンにおける都市改造について，なぜこの時期に都市改造が行われたのかを考えてみよう。

（2）　世紀末のパリに世界中から芸術家が集まってきたのはなぜなのかを考えてみよう。

（3）　ウィーンの世紀末文化の特色を整理してみよう。

参考文献

柏倉康夫『マラルメの火曜会——世紀末パリの芸術家たち』丸善，1994年

カール・E・ショースキー『世紀末ウィーン——政治と文化』（安井琢磨訳）岩波書店，1983年

デヴィット・ハーヴェイ『パリ——モダニティの首都〈新装版〉』（大城直樹・遠城明雄訳）青土社，2017年

スティーヴン・ベラー『世紀末ウィーンのユダヤ人　1867-1938』（桑名映子訳）刀水書房，2007年

山之内克子『ウィーン——ブルジョアの時代から世紀末へ』講談社現代新書，1995年

ジューン・ローズ『モディリアーニ——夢を守りつづけたボヘミアン』（宮下規久朗・橋本啓子訳）西村書店，2007年

9 | 国境を越える連帯の模索

西山暁義

《目標＆ポイント》 19世紀，とりわけその後半のヨーロッパは，ナショナリズムの時代と呼ばれる。しかし，この時代は同時にまた，グローバル化が進むなかでの国際主義の時代でもあったことが，本章の主題である。それは，通信などのグローバル化の公共財から，戦時国際法，スポーツにいたるまで多岐に及んだ。こうした国際的なつながりが，ナショナリズム，そして帝国主義という時代背景のなかでどのような特徴を帯びることになったのか，考えてみよう。

《キーワード》 国際主義，情報通信，スポーツ，疫病，平和運動，社会主義

1. ウィーン議定書からロンドン万博へ

　ユネスコの世界記憶遺産の一つに，ウィーン議定書がある。1814年から15年にかけて，フランス革命・ナポレオン後のヨーロッパ国際秩序を取り決めるべく，オーストリアの首都にヨーロッパ諸国の代表が招集された国際会議は，「会議は踊る，されど進まず」などと揶揄されつつも，9か月間の交渉ののち，最終議定書が締結された。しばしば主催国の宰相メッテルニヒの名前と結びつき，それに基づく「ウィーン体制」が反革命，保守反動，抑圧の象徴とされるこの議定書が世界記憶遺産となった（1997年）のは，たんにヨーロッパ史におけるその重要性だけによるものではない。121条に及ぶ議定書の末尾118条には，「黒人奴隷の廃止についての諸国の宣言」が記されている。その実行に期日が示されていない努力規定であり，実際，ウィーン会議の参加国ではな

かったが，多くの奴隷が使役されていたアメリカ合衆国における奴隷制
廃止には50年，ブラジルの場合70年以上の時間が必要となる。しか
し，極言すれば，それは国際連合における「世界人権宣言」の先駆とも
いえなくはない。

　また，ウィーン議定書では河川の自由な航行が理念として唱えられ，
その具体的な組織として，ヨーロッパ有数の国際河川であるライン川に
船舶航行中央委員会が創設された。この現存する組織には，当時の沿岸
国であるスイス，フランス，バーデン，バイエルン，プロイセン，ヘッ
セン，オランダの7か国が加盟した。その翌年の1816年には，ライン川
に初めての蒸気船であるイギリスのデファイアンス号が中流の沿岸都市
ケルンに到着している。これはアメリカでのフルトンの世界初の蒸気船
運航の9年後のことであったが，その後，コブレンツからケルンにいた
る「ライン下り」が国際的な観光名所となる予兆でもあった。他方，
ウィーンを流れるドナウ川に同様の国際委員会が設けられることになる
のは，クリミア戦争が終わった1856年のことであった。

　このように，ウィーン会議，議定書，体制にみられる国際協調は，反
動，現状維持とは逆の方向性も有していた。ただし短期的に見れば，こ
のウィーン議定書の矛盾した性格のなかで，結果として政治的な警戒心
が国境を越える国際協調の発展を抑制することになった。新たな局面が
訪れるのは，1848年革命でウィーン体制が崩壊したのち，19世紀後半
に入ってからのことである。まさにその最初の年である1851年には，
ロンドンで第1回の万国博覧会が開催された。諸国家がその近代的な工
業製品や工芸品を競い合って展示する万博のフォーマットは，ナショナ
リズムの時代におけるインターナショナリズムの台頭をよく示す例であ
る。そしてまた，ロンドン万博をきっかけにその2年後に国際統計学会
議が，1873年のウィーン万博では展示品の製造販売権にもかかわる特

許についての国際会議がそれぞれ開催されたように，万博はたんなるレジャーとしてだけではなく，関係する学術や法制度の国際ネットワークの促進にも寄与した。以下では，19世紀後半，すなわち日本もそのネットワークに組み込まれる時代のグローバル化のなかでどのような国際協調が行われたのか，いくつかの分野について見ていくことにしよう。

表9-1　19世紀後半～20世紀初頭の国際協調にかかわる主要な出来事

年	主　な　出　来　事
1851	第1回万国博覧会（ロンドン），英仏海峡海底ケーブル敷設
1853	国際統計学会議（ブリュッセル）
1863/64	赤十字国際委員会設立，ジュネーヴ条約（64年締結）
1865	万国通信連合設立，ラテン通貨同盟結成
1866	大西洋横断海底電信ケーブル開通
1867	パリ万博
1869	スエズ運河開通
1872	ジュール・ヴェルヌ『八十日間世界一周』刊行
1873	ウィーン万博，国際特許会議
1874	万国郵便連合設立
1875	国際度量衡局設立
1888	国際女性評議会設立
1889	パリ万博，第二インターナショナル設立，列国議会同盟設立
1890	国際鉄道輸送中央局設立
1894	国際オリンピック委員会設立
1896	第1回近代オリンピック大会（アテネ）
1899	第1回万国平和会議
1900	パリ万博
1904	セントルイス万博，オリンピック大会，「人類学の日」
1907	第2回万国平和会議，国際公衆衛生局設立
1914	パナマ運河開通

2. 「グローバル化」のインフラ
　　——通信，郵便，時間の国際化

　19世紀におけるグローバル化の特徴は，輸送，情報通信の革命的な加速化である。鉄道や蒸気船による人やモノの輸送は移民や貿易の規模を大きく拡大した。そしてまた，情報通信では，モールスによる電信技術の実用化は，そのスピードにおいて「革命中の革命」といってもよいものであった。それまで書簡として運ばれなければならなかった情報は，電気によってきわめて短時間で伝達されることが可能となったのである。このことは，政治的にも大きな影響を与えることになる。「外電」は昼夜を問わず本国に送られ，外交的な政策判断は時間の圧力にさらされることになったのである。

　ロンドン万博が開催された1851年はこの電信の分野においてもきわめて重要な年である。というのも，この年ドーバー海峡の海底ケーブルによってイギリスは大陸ヨーロッパ諸国と電信で結ばれ，そしてドイツからイギリスへと移住したポール・ジュリアス（パウル・ユリウス）・ロイターが同年ロンドンに設立した通信社は，海底電信ケーブルを使ってイギリスやヨーロッパ諸国の株式市場の動静を速報し，世界的企業となっていった（ドイツ時代には伝書鳩を使っていた）。現在の私たちの日常生活に欠かせないインターネットの原点も，この情報通信革命にあるといって過言ではない。

　陸上での電信ケーブルが主に鉄道網に沿いつつ拡充していく一方で，海底ケーブルは遠距離の大陸・地域間を結びつけていくことになる。1866年には10年間にわたる試行錯誤の末，大西洋横断海底ケーブルの敷設作業が完了した。そして1870年には，イギリスと植民地インドが北海・地中海・紅海・インド洋をまたぐ海底ケーブル網で接続された。

**図9-1　カナダのニューファンドランドに陸揚げされる
大西洋横断海底ケーブル**
〔ユニフォトプレス〕

　1870 年代は欧米のみならず，中近東，アジア，ラテンアメリカなど世
界の諸地域がグローバルな電信網に組み込まれていく時期であった。イ
ギリスのある新聞は，これを「世界は急速に，巨大な一つの都市になり
つつある」と評したが，それは決して地域間が水平に結びついたことを
意味するわけではない。電信事業を展開する企業，そして電信網の敷設
地域を見ると，そこにはイギリスの優位が見て取れ，またイギリス帝国
の植民地統治においても，電信のもつ政治的な役割をうかがうことがで
きる。であればこそ，植民地支配に対する蜂起が起こった際，鉄道とと
もに電信ケーブルがしばしば破壊されたのである。
　各国，各地域を結びつける電信網の国際機関として，1865 年パリに
設立されたのが万国通信連合（ITU，のちに国際電気通信連合に改称）
であった。ITU は，それまで国家間を接続する電信網を設置する際に

結ばれていた二国間条約が拡大していくなかで，20 の参加国からなる
国際組織として出発し，モールスの電信技術を世界標準として採用する
など，国際間電信の円滑化に取り組んだ。日本もまた，1871 年からま
ずオブザーバーの立場で参加し，その翌年には上海，ウラジオストクと
の海底ケーブルが長崎との間に結ばれ，グローバルな電信網に組み込ま
れることになった。

　もちろん，電信網の発達は書簡による情報伝達を無用化したわけでは
ない。むしろ，この時代は義務教育制度が各国で導入，実施されること
で，多くの人々が新聞・書籍を読むだけではなく，自ら文章を書く習慣
が広がっていった時期であった。公教育と同様，郵便制度もまた，国民
国家形成の重要な分野であり，大半の国で郵便事業は国営化されていく
ことになる。そして 1869 年にオーストリアがまず始めた葉書郵便は，
それまでの信書の秘匿を前提とする封書とは異なり，料金を引き下げ，
また手紙を書くことの敷居を下げることによって，郵便の「民主化」に
大きく貢献した。1870 〜 71 年の普仏戦争においても，ドイツは敵地フ
ランスからの野戦郵便として葉書を認めている。

　この郵便においても，1874 年に万国郵便連合（UPU）が 25 の加盟国
とともに創設され，ITU と同様の役割を果たすことになる。とりわけ，
国際郵便料金の体系化，加盟国間の切手の承認，利益分配のルール化な
どにより，平時における異国の旅先，移民した親族と消息を伝えあうコ
ミュニケーション手段として定着し，雑誌や商品カタログなどの配送に
よって国際貿易を促進する役割を果たすことにもなった。

　鉄道や蒸気船舶による人やモノの輸送，電気通信による情報伝達に共
通するスピードの上昇は，こうして世界の諸地域を結びつけたが，しか
し同時にそれぞれの空間と時間をいかに「同期」させるのかという問題
が浮上することになる。長らく，時間はローカルなものであり，それぞ

れの都市で太陽が頂点に達した時点が正午となっていた。しかし，それでは当然，東西に離れた二つの地点は異なる時間を刻むことになる。たとえば，1870 年，フィラデルフィアが 12 時であれば，ピッツバーグが同時刻となるのはその 20 分後であった。また当時は大陸横断鉄道が完成したばかりであったが，これを使ってワシントンからサンフランシスコまで移動した場合，それぞれの通過地点の時刻を正確に確認しようとすれば，200 回以上時計の針を動かさなければならなかったという。こうした状況は，移動や輸送にかける時間が重要になるなかで，大きな障害とみなされるようになった。

　このことからもわかるように，標準時，時間帯制定の主たる原動力となったのは鉄道であった。1847 年，世界に先駆けて標準時を導入したのはイギリスの鉄道会社であり，そこで基準とされたのは，よく知られているようにグリニッジ天文台を通る子午線である。1884 年にワシントンで開催された国際子午線会議は，こうした世界時間の同期化を定めるものであり，欧米諸国に加え，日本とアメリカ併合前のハワイ王国という日付変更線を挟んだ太平洋の国も参加している。この日付変更（線）の概念はフランスの作家ジュール・ヴェルヌの『八十日間世界一周』のトリックとしても有名であるが，彼の別の作品『海底二万里』には，子午線の起点としてのグリニッジとパリの間の争いが言及されている。子午線会議に参加しながらも決議は棄権したフランスは，その後も 1911 年までパリ子午線を標準時（グリニッジより 9 分 21 秒早い）としていた。そこには，フランス革命に由来するメートル法の世界標準化を主導した（1875 年メートル条約と国際度量衡局の設置）という，普遍的価値を体現する国家としての自負が垣間見られる。なお，すでに UPU は創設時に国際郵便の重量をグラムで測ることを決めており，こうした単位の統一は相互に関連しつつ，グローバル化のインフラとなっ

ていったのである。また，英仏間の競合関係は国際貿易決済の要である
通貨制度においても見られ，19世紀初頭から金本位制を採用したイギ
リスに対し，フランスを中心とするラテン通貨同盟は金銀複本位制を採
用していたが，イギリスの強力な金融資本と金銀比価の激しい変動もあ
り，1870年代には事実上金本位制へと収斂（しゅうれん）していくことになった。

3. 公衆衛生とスポーツの国際化

　2020年の新型コロナウイルス感染症の世界的蔓延（まんえん）と，それにともな
うオリピック東京大会の延期は，この二つがともにグローバル化と密接
に関連していることをあらためて印象付けるものであった。感染症とス
ポーツ，この二つの点についても19世紀にグローバル化の流れを見て
取ることができる。この時期，イギリスをはじめとするそれぞれの国内
における工業化のなかで，都市化の進行が劣悪な住環境のもとで伝染病
の蔓延を招き，それに対して公衆衛生の観念が生み出され，重要な政策
課題とみなされるようになっていた。と同時に，国際貿易の発展と地域
間の分業化は，国境を越えた労働力の移動と農産物の輸送の大規模化，
遠距離化，そして高速化を促し，植民地をめぐる戦争や支配は多くの兵
士や官吏の派遣と駐留を必要とした。このような史上類を見ない国内外
の流動化のなかで，中世のペスト大流行時に由来する古典的な検疫（40
日間の隔離が元の意味）だけでは，もはや感染症への対策には対応しき
れないことは明らかであった。

　感染症にかんする国際協調の出発点として，1830年以降ヨーロッパ
で繰り返しコレラが流行した背景があった。そして，その原因として，
中近東におけるメッカ巡礼が拡散をもたらすものと考えられた。この対
策として，エジプトのアレクサンドリア（1831年）を皮切りに，イス
タンブール，テヘラン，タンジールなどに高等保健局が設立された。こ

れはそれぞれ独立した国家機関であったが，外交部に直属し，メンバーの多くはヨーロッパ出身者であった。19 世紀半ばに始まり，その後定期的に開催されるようになるヨーロッパの国際衛生会議では，当初コレラやペストの撲滅に主眼が置かれていたが，次第に感染予防にもその活動を広げていくことになる。そしてそれとともに，医学者をはじめとする学術専門家の国際的なネットワークが重要な役割を果たすことになる。19 世紀半ば以降の医学において細菌学は最先端の新分野であり，フランスのパスツール，ドイツのコッホなどを先駆者として競争的に発展していくことになる。そこには，北里柴三郎や志賀潔，野口英世といった日本人研究者も参加していた。

　ただし，こうした伝染病をめぐる国境を越えるネットワークは，政治と無縁であったわけではない。とりわけ熱帯医療という植民地支配に分かちがたく結びついた問題において，列強間の情報共有に基づく協調は容易ではなかった。それはたとえば，1907 ～ 08 年にかけてツェツェバエを媒介とするアフリカ眠り病にかんする国際会議の推移にも見られる。また，自由貿易，経済的利益を優先するイギリスは，予防のための介入に消極的であった。1907 年には，パリに国際公衆衛生局が設立されるが，その活動は主に情報提供に限られ，医療における国際協調を主導する役割は果たしていなかった。

　一方，近代スポーツについては，その前提として，19 世紀は身体鍛錬の教育的重要性が高まった時期であった。近代オリンピックの「父」と呼ばれるフランス人貴族，ピエール・ド・クーベルタンは，イギリスのエリート校パブリック・スクールにおけるスポーツ教育と古代ギリシアを理想化する古典主義に感銘を受け，国際的な「平和の祭典」としてのオリンピックの復興を思い立った。ただし，「復興」といっても，たとえばアマチュア主義など彼が唱えた原則は，近代における新たな概念

であり，「伝統の創造」と理解すべきであろう。1894 年パリにおいてクーベルタンの提案は国際オリンピック委員会（IOC）の設立へとつながり，その 2 年後には，第 1 回大会がアテネ（主会場として古代競技場を修復したパナシナイコ競技場）において，14 か国 250 人のアスリートの参加によって開催された。開催国ギリシアは，以降も開催地はギリシアに固定することを求めたが，IOC は万国博覧会のように世界を巡回することが近代オリンピックの発展に資すると考え，却下した。

　実際，次の 2 回のオリンピック大会（1900 年パリ，1904 年セントルイス）は万博とのタイアップで開催されたが，それはかえってオリンピックに対する評価を下げることになり，以降は再び独立したイベントとして開催されることになる。セントルイス・オリンピックでは，「人類学デー」の名のもと，日本のアイヌ民族を含めた世界各地の先住民が「競技」を行ったが，ルールや合図も知らないまま雇われて参加した者たちも多く，当時欧米で見られた「人間動物園」的な見世物の性格の強いものであった。クーベルタンはこれに公然と怒りを示したといわれているが，その矛先は先住民族を見世物にしたことではなく，「文明化」された人々に限られたものであるべき近代スポーツやオリンピック精神がけがされたことにあった。こうしたヨーロッパ・西洋中心主義的な見方は，1913 年，キリスト教団体 YMCA の主導によりマニラで開かれた国際競技大会の名称が当初「東洋オリンピック」とされていたが，IOC の圧力で「オリンピック」が削除され，「極東選手権競技大会」となったことにもうかがえる。

　近代オリンピックは，19 世紀の国際主義の潮流である政治的中立の理念を掲げていた。しかし，「国家」を代表するというその制度そのものに，スポーツと政治の不可分の関係が表れていた。たとえば，当時多民族帝国オーストリア＝ハンガリーの一部であったチェコ（ボヘミア）

図9-2　「人類学の日」で，アーチェリーに参加する
ネイティブアメリカン
〔ユニフォトプレス〕

は，IOC委員にチェコ人がいたこともあり，オーストリア政府からの
圧力にもかかわらず，独自の選手団を派遣することができた。一方，同
じことはイギリス領であったアイルランドには認められなかった。当時
議論されていた自治にとどまらず，分離独立を求めるアイルランド・ナ
ショナリズムを後押しする危険性があると考えられたためである。ま
た，とくにアメリカへ移民した選手の場合，正式に国籍を取得する前に
アメリカ選手団の一員として参加し，メダリストとして表彰されている
事例も見られた。

4.　戦争の「人道化」と国際平和運動

　ウィーン会議以降の19世紀ヨーロッパは，外で植民地獲得のための
戦争を繰り広げる一方で，内部では戦争の少ない，比較的平和な世紀で
あったといわれる。しかし，そのなかでも1850〜1870年は一方で工業
化が進みつつも，クリミア戦争に始まり，イタリアとドイツでの統一戦

争が起こり，大西洋の向こう側でもアメリカ南北戦争が起こった「血なまぐさい」時期でもあった。まさにこの時期，この文脈のなかで誕生したのが，現在でも代表的な国際組織である赤十字国際委員会である。

　よく知られるように，委員会創設のきっかけとなったのは，スイス，ジュネーヴ出身のアンリ・デュナンが，旅先で遭遇したイタリア統一戦争の激戦地ソルフェリーノにおいて，負傷した兵士たちが放置されたまま横たわっている姿にショックを受けたことであった。彼はそこでの経験を『ソルフェリーノの思い出』（1862 年）に詳述し，さらに戦傷兵の救護の組織化とその活動を戦闘行為から法的に保護することを提言した。デュナンは地元ジュネーヴでこのための委員会を結成する一方，戦時国際法の制定のために諸国の政府に精力的に働きかけた。その結果，1864 年に「戦地軍隊における傷病者の状態の改善にかんする条約」（ジュネーヴ条約）がヨーロッパ 16 か国政府代表によって調印された。

　同年起こったデンマーク戦争において，赤十字の旗を掲げた野戦病院が傷病兵の救護にあたったのが，その最初の活動であり，普仏戦争では多くの第三国の医師や看護師が救護活動にあたった。露土戦争時には，シンボルとなる旗をキリスト教起源の「赤十字」から「赤新月」へと変更したオスマン帝国支部の要請により，バルカン半島における民間人難民の救護にも派遣された。さらに，1900 年の義和団事件において華北の多くの民間人が被害にあい，家を失ったが，それを救護すべく活動した江南地域の富裕な商人たちの慈善活動のモデルとなったのが，赤十字の活動であった。その後，清朝はジュネーヴ条約に調印し，中国支部である「紅十字会」が創設される。このように，20 世紀初めには，赤十字社の活動は世界的に認知されるようになり，その創設者であるデュナンは 1901 年に第 1 回ノーベル平和賞——これもまた，当時のヨーロッパにおける国際平和主義運動の一環であった——を受賞している。第一

次世界大戦直前には，ヨーロッパを
中心に45の支部が存在していた。
国際赤十字は，条約を調印する国家
と，支部を有する各国の社会におけ
るボランティア活動によって支えら
れた組織であった。

図 9-3　ハーグの平和宮殿
〔ユニフォトプレス〕

　赤十字と並んでこの時代の国際協
調の動きとして取り上げられるの
が，1899年と1907年にオランダの
ハーグで開催された万国平和会議で
ある。第1回が開かれたのは，中国で義和団事件が起こる直前であり，
アメリカはフィリピンで征服戦争を，イギリスは南アフリカでボーア戦
争を戦っていた時期である。民間のイニシアチブによる赤十字の場合と
異なり，第1回の万国平和会議は，当時ヨーロッパでは最も「反動的」
とみなされていたロシア政府からの提案によるものであったが，その背
景には軍拡競争に財政が疲弊しているなかでの打開策という思惑もあっ
た。とはいえ，この提案はデュナンをはじめ，当時の多くの平和運動家
の支持と期待を集めた。デュナンとノーベル平和賞を共同受賞したフラ
ンスの政治家フレデリック・パシーらによって1889年に創設された列
国議会同盟は，戦争防止のための紛争の調停を行う国際機関の設置を求
めていたが，これがハーグにおいて合意され，常設仲裁裁判所として実
現することになる。また，戦時国際法についても，宣戦布告のルールや
中立国の権利，海戦の規定，特定の兵器の使用禁止などについて協定が
結ばれた。

　こうした成果の一方で，歴史的にハーグにおける2回の万国平和会議
は，常設仲裁裁判所に強制力が与えられなかったことや，軍縮の合意に

つながらなかったことから，挫折した安全保障の試みというイメージが強い。何よりも，その数年後には第一次世界大戦が勃発したという事実が，そうした評価を裏打ちしている。しかし，別の角度から見るならば，積極的な意義も見出すことができる。それは，一種の「国際世論」とも呼べるものが形成され，これまで列強外交のなかで無視されてきた小国にも注目が集まる余地が生まれたということである。もちろん，これも大韓帝国高宗による「ハーグ密使事件」の例にもあるように，過大評価は禁物である。しかし，第2回の会議が特定の政府ではなく，列国議会同盟の要請によるものであったことや，常設仲裁裁判所の施設（「平和宮殿」）が，アメリカの民間団体カーネギー財団の資金を使って建設されたことは，国際関係が純粋に国家外交の独占物ではなくなりつつあったという変化を示している。

5. 社会主義インターナショナルとその挫折

　政治的な国際運動のなかで，政府，国家権力との距離，関係において，前節で見た市民層中心の平和運動の対極にあったといえるのが，国際社会主義運動である。それは，方法や手段については別として，労働者階級による資本主義の克服を目的とするだけに，当時の政治体制との対立や摩擦は不可避であった。この点，同時期のフェミニズムの国際ネットワークの場合，個々の女性運動——とりわけイギリスの女性参政権運動——の急進性にもかかわらず，国家との協調の余地がありえたことは，1888年に結成された国際女性評議会（ICW）の初代会長であり，その後も30年以上にわたり在任したのが，イギリス帝国自治領カナダ総督の妻であるアバディーン卿夫人（イシュベル・ハミルトン＝ゴードン）であったことからもわかる。

　「万国のプロレタリアートよ，団結せよ」——フリードリヒ・エンゲ

ルスとともにカール・マルクスが『共産党宣言』のなかでこのように呼びかけたのは，1848年革命勃発直前，亡命先のベルギー，ブリュッセルにおいてのことであった。その後もパリ，ロンドンと亡命生活を続けるなかで，彼が国際労働者評議会，いわゆる第一インターを結成したのは，奇しくもデュナンらの国際赤十字社と同じ，1864年のことであった。この小規模な組織はさまざまな路線の対立のなかで1876年には解散に追い込まれることになる。それが再興されるのは，マルクスの死後，1889年のことであった。この間，ヨーロッパの主要国では工業化の進展とともに労働者運動も拡大し，ドイツでは，ビスマルクによる弾圧を受けつつも勢力を拡大する社会主義政党が登場しつつあった。他方，アメリカでも工業化は同じく進んでいたものの，二大政党制のなかで社会主義労働者運動は全国的な政治的基盤をもたなかった。また日本

図9-4 第二インターナショナル・アムステルダム大会（1904年）
最前列左から2人目が片山潜，その右にプレハーノフ，2列目中央にローザ・ルクセンブルク（帽子をかぶった女性）。
〔ユニフォトプレス〕

では，20世紀初頭に生まれた運動は政府によって厳しい弾圧を受けており，日露戦争中のアムステルダム大会における両国の社会主義者，片山潜とプレハーノフの握手というエピソードはあったが，第二インターナショナルはあくまでヨーロッパ中心の組織であった。

　第二インターナショナルでは，革命という暴力的手段による資本主義体制の打倒か，議会における勢力拡大を通して改革を段階的に進めていくか（修正主義）といった路線をめぐる議論のほかに，帝国主義の対立が深まるなかで，戦争に対してどのように対応すべきかをめぐって激しい議論が行われた。とはいうものの，第一次世界大戦勃発において，参戦国の社会主義者たちの多くが「祖国防衛」を肯定したことは，社会主義運動そのものが国民化していたことを示すものであった。ここに19世紀後半の国際主義の限界を見ることは容易であろう。また，国際主義そのものにも西洋・ヨーロッパ中心主義が色濃く反映されている点も無視することはできない。しかし，社会主義運動に限らず，この時期に整備されたインフラを使ってさまざまな地域の出身者が国際会議や移住・留学・亡命先で出会い，意見を交換したこと，そしてそれが政治や社会のあり方にも影響を及ぼすことになったことは，続く20世紀の歴史を理解するうえでも重要な点であるといえよう。

学習課題

（1）　現存する国際機関の起源を調べてみよう。そのうち，19世紀ま
　　　でさかのぼるものはどのような機関であり，誰がどのような動機
　　　から創設し，どの国が加わったのか。

（2）　『八十日間世界一周』や『海底二万里』など，19世紀後半から20
　　　世紀初めを時代舞台とする冒険旅行小説を一つ選び，そこに本章
　　　で述べたような国際的なネットワークがどのように描かれている
　　　か，調べてみよう。

（3）　ヨーロッパの代表的なスポーツであるサッカーの国際化について
　　　調べてみよう。

参考文献

磯部裕幸『アフリカ眠り病とドイツ植民地主義――熱帯医学による感染症制圧の夢
　　と現実』みすず書房，2018年

ハンス＝マグヌス・エンツェンスベルガー編『武器を持たない戦士たち――国際赤
　　十字』（小山千早訳）新評論，2003年

佐野真由子編『万国博覧会と人間の歴史』思文閣出版，2015年

城水元次郎『電気通信物語――通信ネットワークを変えてきたもの』オーム社，
　　2004年

西川正雄『第一次世界大戦と社会主義者たち』岩波書店，1989年

橋場弦・村田奈々子編『学問としてのオリンピック』山川出版社，2016年

10 | 第一次世界大戦とロシア革命

中嶋　毅

《**目標＆ポイント**》　1914年に始まる第一次世界大戦は，人々のそれまでの価値観を打ち砕く衝撃力をもっていた。この戦争を契機に20世紀世界の新しい特徴が生まれたが，その一つは，世界で初めての社会主義国家ソヴィエト・ロシアの登場であった。戦争と革命の過程をたどりながら，それがもたらした人の移動について考える。

《**キーワード**》　兵士と移動，総力戦体制，二月革命（ロシア暦），十月革命（ロシア暦），ソヴィエト，難民，亡命ロシア人，住民交換

1. 第一次世界大戦とヨーロッパ諸国の変容

（1）地域紛争から世界戦争へ

　20世紀に入ると，バルカン半島をめぐる勢力地図は大きく動き出した。1878年のベルリン会議でボスニア＝ヘルツェゴヴィナの行政権を獲得したオーストリア＝ハンガリー帝国は，1908年にオスマン帝国で起こった青年トルコ革命を契機にボスニア＝ヘルツェゴヴィナを併合し，オスマン帝国下の自治国家であったブルガリアは独立を宣言した。これ以降，バルカン諸国はロシアの支援を受けてオスマン帝国に対抗する同盟関係を構築し，1912年にはバルカン同盟が形成された。同年，バルカン同盟諸国とオスマン帝国との間で第一次バルカン戦争が開始され，同盟国側が勝利したが，戦後の領土分配をめぐって同盟諸国間の対立が生じ，翌13年には第二次バルカン戦争が起こった。2度にわたるバルカン戦争は，複雑な民族分布をもつバルカン半島の民族間対立を大

きく刺激することになった。

　1914 年 6 月 28 日，ボスニア＝ヘルツェゴヴィナを訪問したオースト
リア＝ハンガリー帝国の帝位継承者フランツ・フェルディナンド大公
が，ボスニア系セルビア人青年によってサライェヴォで暗殺された。サ
ライェヴォ事件と呼ばれるこの出来事は帝国内部の問題であったが，帝
国政府は事件の背後にセルビアの関与があったとして，セルビアに対し
て宣戦布告を行った。バルカン半島で始まった両国の戦争は，開戦前に
ヨーロッパで形成されていた三国同盟と三国協商という列強の対立構造
と連動して，たちまちのうちにヨーロッパ戦争へと拡大し，日本やアメ
リカ合衆国をも巻き込んで世界規模の戦争へと拡大していった。

　第一次世界大戦の開戦にあたって，軍部や指導者が 19 世紀型の短期
決戦を想定したと強調されてきた。だが彼らは，1904 〜 05 年の日露戦
争の経験から，来るべき戦争が大規模な消耗戦となると予測していた。
しかし戦争を始める際には，短期間で決着がつくと主張するほうが好都
合だった。実際に戦争が始まると，それは人々の想定をはるかに超えて
かつてない規模の物量戦となり，巨大な兵力と大量の武器弾薬が短期間
で消費される現代戦の様相が現れた。また第一次世界大戦では，科学技
術の戦争への利用が進み，飛行機の戦場への投入や戦車，潜水艦，毒ガ
スなどの新兵器の開発が進められた。銃火器の発達も急速に進み，とく
に機関銃の投入は人的損失の増加をもたらした。銃火や砲撃から兵士を
守るため，堅牢な陣地や長大な塹壕が形成され，戦争は長期化した。

（2）戦時体制の構築

　第一次世界大戦は，各国の経済力，生産力，技術力，国民の戦争協力
などすべての資源を戦争遂行に動員する総力戦となった。国家が一丸と
なって敵国を殲滅する総力戦へと戦争の形態が変化したことで，各国で

はそれに対応しうる体制，すなわち総力戦体制の構築が必要となった。しかし各国政府は，いずれの国も新たな事態に即応できる計画をもたなかった。したがって総力戦体制と呼ばれる新たな構造は，国ごとの政治的・経済的・社会的条件を前提に構築された。こうして参戦諸国の近代化のあり方の特徴が，各国の総力戦体制に強い影響を及ぼすことになったのである。

　まず必要とされたのは，戦争遂行に不可欠な兵士と軍需物資の確保であった。参戦諸国の多くは徴兵制をとっていたが，戦闘の激化と戦争の長期化によって戦時動員は大規模に展開された。戦争終結までに世界全体で7000万人以上が動員されたといわれる。兵役対象者の招集は既存の制度を通じて実施されたが，深刻な人的損失は大規模な兵員補充を必要とし，各国は強力な国家権力をもってこれに対処せねばならなかった。一方，銃後では兵器や軍需品の増産が求められ，民需生産から軍需生産への構造転換が進んだ。戦争遂行の基礎であった軍需生産を支える原燃料調達と工業労働力の確保のため，産業界や労働市場への国家の介入が進んだ。

　戦争が長期化するにつれて，都市部を中心に次第に食糧不足が問題化していった。食糧危機の程度は国ごとに異なっていたが，動員によって農業労働力が不足したこと，穀物生産地帯が戦場と化したこと，輸送手段が軍事優先にされたことなど，さまざまな要因によって食糧生産の減少が各国で生じた。軍隊への食糧供給は最優先課題であったから，国家は食糧調達を強化し，穀物価格統制に乗り出した。食糧が不足した都市部では配給制が導入され，国家による食糧調達機構の整備も進められた。

　参戦諸国の近代化のあり方を反映して，国家統制の程度は国ごとに相違が見られたものの，社会・経済への国家介入の強化は第一次世界大戦

期に現れた総力戦体制の特徴であった。しかし統制経済は国民に大きな負担を強いるものであり，とくに食糧不足は国家や行政当局への都市住民の不満を招くものであった。そのため国民とりわけ都市住民は，銃後の国民生活にかかわる国家政策や政治指導に対する関心を高めることになったのである。

2. ロシア革命とソヴィエト連邦の成立

（1）ロシア帝国の崩壊

　第一次世界大戦に参戦したロシア帝国は，緒戦のタンネンベルクの戦いで大敗北を喫したものの，そののち体勢を立て直して軍事面ではドイツ・オーストリア軍と互角に対抗した。ロシアの戦時統制経済は軍用食糧調達から始まり，地方自治体であるゼムストヴォと社会組織である協同組合が戦時体制に組み込まれた。しかし戦争が続くにつれ，脆弱なロシア経済にとって戦争遂行の負担が過重になり，早くも 1915 年には燃料と金属が不足し始めた。軍事的にもドイツの攻勢を支えきれなくなり，同年 4 月には占領していたガリツィアからの退却が始まった。ここでようやく兵器生産調達のための国家機関が登場し，こののち問題別の国家機関が整備されて総力戦体制づくりが進められた。

　こうした変化のなかで，ロシアの自由主義者たちは政治体制の転換を模索し始めた。彼らの理想は国会に対して責任を負うイギリス流の責任内閣であったが，当面は国会が信頼できる大臣を皇帝が任命する信任内閣を求めた。一方，経済的崩壊の直撃を受けた労働者は体制への抵抗を尖鋭化させ，1916 年には労働運動が高揚した。また同年には，戦時徴用に不満をもった中央アジア諸民族の反乱も発生し，帝国はその土台から揺らぎ始めた。しかし皇帝ニコライ 2 世をはじめとする指導層は，分解しつつある帝国を維持するだけの指導力をもたなかった。

　1917年2月23日（ロシア暦，新暦では3月8日）に起こった女性労働者のデモを契機に，首都ペトログラードの労働者がゼネストに立ち上がり，反乱した兵士たちがこれに合流した。社会主義者はペトログラード・ソヴィエト（評議会）を組織して，労働者と兵士の革命的運動に呼応した。この動きに対して自由主義者の政治家の一部が主導権を掌握して，皇帝ニコライ2世に皇太子への譲位を求めた。皇帝はいったんこれに同意したが，翻意して皇弟ミハイル大公に譲位する意思を示した。しかしミハイル大公はこれを辞退し，帝位継承者のいなくなったロマノフ朝は終焉した（ロシア暦二月革命）。

　自由主義的政治家たちは新たに臨時政府を組織して，地主や資本家，官僚や軍人，専門職知識人らがこれを支持したが，労働者や兵士は革命的大衆組織であるソヴィエトを支持し，臨時政府とペトログラード・ソヴィエトが並存する「二重権力」状態が出現した。臨時政府は連合国の国家承認を得て，ロシア帝国の継承国家としての体裁をとることができた。しかし国民代表からなる憲法制定会議を招集するまでの暫定政権であった臨時政府は，それが責任を負うべき国民代表（議会）をもたず，その正統性の基盤を著しく欠いた存在であった。一方，労働者や兵士の運動はロシア各地に広がり，彼らは地方ソヴィエトや他の地域的大衆組織を形成した。

（2）社会主義政権の誕生

　臨時政府は戦争を継続する方針をとったため，戦争からの離脱を求める民衆の不満は増大した。これに対して1917年4月に亡命地から帰国したマルクス主義急進派のレーニンは，戦争中止を訴えて臨時政府と対決した。当初ソヴィエトの中心は穏健マルクス主義者のメンシェヴィキと農民社会主義の理念に立つエスエル（社会革命党員）であったが，臨

時政府とそれに協力する穏健社会主義者に対する不満が募るにつれて，レーニン率いる急進派のボリシェヴィキが次第に勢力を増していった。しかし，ボリシェヴィキの組織が基礎をおいていたのは都市であり，ロシアの大部分を占める農村で影響力を有したのはエスエル党であった。

　4月の政府危機を乗り切った臨時政府は，ペトログラード・ソヴィエトの代表者たちを入閣させて連立政府を組織し，政権の安定化を図った。各地のソヴィエトは6月に初めて全国大会を開催し，穏健社会主義者を中心とする全ロシア中央執行委員会を選出した。陸海軍相となったエスエル党のケレンスキーは，軍の立て直しを進め，連合国との約束を果たすべく6月に攻撃に打って出た。しかしこの大攻勢は失敗に終わり，兵士の不満を高めるとともに，首都ペトログラードにおける兵士と労働者の反政府武装デモの契機となった。臨時政府は7月の武装デモを鎮圧して危機を脱し，この事件にボリシェヴィキが関与したとして同党指導者たちを逮捕した。レーニンは逃亡したが，ボリシェヴィキ勢力は打撃を受けた。一方，この事件ののちケレンスキーが首相となって，新たな連立政府（第二次連立政府）を組織した。

　ケレンスキー首相は軍の再建を図るため，戦功のあったコルニーロフ将軍を最高司令官に任命した。社会主義者が多数派を占めた新たな臨時政府に不満をもつ保守勢力はこれを好機ととらえ，ロシアの政治的混乱を収拾するためにコルニーロフを担いだ軍事独裁を構想し，自由主義者もこれを支持した。首相と最高司令官が次第に対立を深めるなかで，8月末にコルニーロフは首都ペトログラードに向けて配下の部隊を進撃させた。コルニーロフ軍の首都進撃に対し，ペトログラード・ソヴィエトと全ロシア中央執行委員会はケレンスキーの臨時政府を支持して首都防衛にあたるとともに，反乱部隊の兵士を説得して軍事クーデタを未然に防いた。この運動のなかでボリシェヴィキは大いに活躍し，ボリシェ

ヴィキ勢力の復活につながった。

　コルニーロフ反乱鎮圧の過程でソヴィエトの威信は高まり，ソヴィエト権力を求める声が高まった。動揺した臨時政府は権力基盤を立て直そうと，民主主義諸勢力の統合を画策した。しかし好機到来と判断したレーニンは，ボリシェヴィキが武装蜂起を敢行してソヴィエト左派政権を樹立する構想を提起した。この計画に基づいてペトログラード・ソヴィエトに軍事革命委員会が設置され，労働者の武装化が進められた。ボリシェヴィキは10月25日（新暦11月7日），首都の主要拠点を制圧して臨時政府のあった冬宮を攻撃し，同日夜から翌日にかけて開催された第2回全ロシア・ソヴィエト大会の会議でソヴィエト権力の樹立が宣言された（ロシア暦十月革命）。その後ソヴィエト大会は「土地にかんする布告」と「平和にかんする布告」を採択し，ボリシェヴィキによって構成される人民委員会議を選出した。こうしてロシアに社会主義政権が登場したのである。

（3）ソヴィエト連邦の成立へ

　新たに組織されたソヴィエト政権は，「土地にかんする布告」によって地主の土地を没収して農民に土地の利用権を与える一方，銀行や主要産業を国有化した。また，臨時政府が先送りしていた憲法制定会議の選挙を全国で実施し，自由で平等な選挙を通じた代議員が選出された。戦争処理については，1917年12月にドイツと休戦協定を結び，翌年3月にはブレスト＝リトフスク条約を結んで，第一次世界大戦から単独で離脱した。しかし新政権に反対する勢力の抵抗は強く，レーニンは18年1月にエスエルとメンシェヴィキが多数を占める憲法制定会議を強制的に解散して，ソヴィエトを基盤とする新たな政治制度を形成していった。また18年3月にボリシェヴィキ党から名称を変更した共産党の指

図10-1　1918年の人民委員会議
壁中央の電灯の右下がレーニン，その右に立っている人物がスターリン。
〔ユニフォトプレス〕

導者たちは，19年にコミンテルンを設立して世界革命の実現を目指した。

　一方，農民は1917年の間，土地改革による土地の獲得を望んでいた。しかし臨時政府は土地問題の解決を先送りにしていたため，農民は実力行使で地主の土地を奪取するようになり，気に入らない地主に対しては屋敷を襲撃して略奪する暴動にまでいたった。農民の自発的な「土地革命」は臨時政府を大いに悩ませたが，権力の座についたボリシェヴィキは「土地にかんする布告」でこの現実を承認した。土地を獲得した農民は，そこでの収穫物も自由に処分した。その結果，市場化される穀物が急激に減少し，都市の食糧難はさらに深刻なものになった。これに対して共産党政権は，18年5月に「食糧独裁令」を公布し，余剰穀物の徴発と穀物専売制の導入をもって対応した。また同年7月には初めての憲法が制定され，国名をロシア社会主義連邦ソヴィエト共和国と称した。

　ソヴィエト・ロシアの戦争からの離脱は連合国の反発を招き，イギリ

ス，フランスを中心とする資本主義諸国の政府は，自国への革命運動の波及阻止とソヴィエト体制の打倒を目指して，1918年から軍事干渉を展開した。これに呼応して国内の反共産党勢力が活性化し，同年5月のチェコスロヴァキア軍団の反乱を契機に内戦が本格化していった。白衛派と呼ばれた反共産党勢力は，連合国の干渉勢力の支援を受けつつ北部ロシア，南部ロシアおよびシベリアで共産党勢力に対抗し，1919年前半には共産党支配領域は包囲状態に陥った。

これに対してソヴィエト政権は，穀物の強制徴発に依拠する「食糧独裁」の強化と工業分野での全面的な国有化を二つの柱とする「戦時共産主義」と呼ばれる政策を実施して，戦時経済を組織化した。また軍事的には，新たに赤軍を組織して反撃に転じ，反共産党勢力を徐々にロシアの地から排除していった。こうして内戦を戦う過程でソヴィエト政権は，独立して離脱したフィンランド，ポーランド，沿バルト諸国を除く旧ロシア帝国の統治領域の大部分を赤旗のもとに再統合した。そして赤軍が解放した領域では，共産党による一党支配体制が形成された。

内戦に勝利した共産党は1921年3月に経済政策を転換し，私的営業や利潤など資本主義的要素を部分的に導入して経済復興を図る新経済政策（ネップ）に移行した。経済復興の基礎を固めたロシア・ソヴィエト共和国は22年12月末，共産党が統治するウクライナ，ベロルシア，ザカフカス連邦の三つのソヴィエト共和国とともに，ソヴィエト社会主義共和国連邦（ソ連）を結成した。ソ連は主権を有する独立国家により形成される建前であったが，連邦を構成したソヴィエト共和国を統治したのは共産党であり，共産党組織で結ばれたソ連国家は強力な中央集権国家として成長していった。

3.　戦争・革命と人の移動

（1）戦時動員

　第一次世界大戦期を通じて各国で実施された大規模な動員により，徴兵された農村青年や志願兵となった膨大な数の兵士たちが，故郷を離れて国内外の戦場や守備地域へと移動した。大戦期の統計数字については論者により幅はあるが，主な参戦諸国の動員数と戦死者・負傷者数はおおよそ表 10 - 1 のとおりである。同盟国と連合国の双方を合わせた戦死者総数は 940 万人を数えており，1000 万人を超えるとする見積もりもある。捕虜と行方不明者は 760 万人といわれるので，これらを除いた戦後の復員者は傷病者を含めて 5000 万人を超えると考えられる。膨大な労働年齢層の男性が平時には想像できなかった大移動を経験しただけで

表 10 - 1　主要参戦国の損失推計（単位：人）

	動員数	戦死者	負傷者	捕虜・行方不明
連合国				
ロシア	15,798,000	1,800,000	4,950,000	2,500,000
フランス	7,891,000	1,375,800	4,266,000	537,000
大英帝国（本国および植民地・自治領）	8,904,467	908,371	2,090,212	191,652
イタリア	5,615,000	578,000	947,000	600,000
アメリカ合衆国	4,273,000	114,000	234,000	4,526
その他	3,418,000	603,944	343,492	150,938
中央同盟国				
ドイツ	13,200,000	2,037,000	4,216,058	1,152,800
オーストリア＝ハンガリー	9,000,000	1,100,000	3,620,000	2,200,000
オスマン帝国	2,998,000	804,000	400,000	250,000
ブルガリア	400,000	87,500	152,390	27,029
総計	71,497,467	9,408,615	21,219,152	7,613,945

出典：John Horne (ed.), *A Companion to World War* (Wiley-Blackwell, 2010), p.249 より作成。

なく，戦闘行為という非日常を長きにわたって経験したことは，動員解除後の復員者の行動様式に多大な影響を及ぼしたものと考えられる。

その影響の一端を，ロシア革命期の農村に見ることができる。農民が要求していた土地改革を臨時政府が先送りした理由の一つは，農民への土地配分が実施されれば土地配分を求めて故郷の村を目指す農民出身兵士が大量に脱走することへの懸念であった。実際，二月革命の情報が前線に伝わると，農作業に従事すべく農民出身兵士の自然発生的な戦線離脱が始まっていた。革命期の農民が地主と対峙してさまざまな要求を突きつけ，しばしば農民暴動を展開する「土地革命」のなかで，戦場を経験した脱走兵が大きな役割を果たすことになった。革命勢力側の人々の軍隊経験は，革命が暴力と結びつく際の重要な要因と考えられる。

また第一次世界大戦は「帝国の戦争」であったことから，動員の対象は植民地にも及んだ。イギリスの動員総数890万人のうち本国の動員はおよそ610万人で，残り280万人は自治領および植民地からの動員であった。なかでも大きな比重を占めたのはインド軍で，戦争終結までにインドはイギリスの戦争遂行のために127万人以上の男性（そのうち戦闘要員は83万人）と，1億4600万ポンド以上の資金と資源を提供した。自治領であったカナダ46万人，オーストラリアは33万人，ニュージーランドは11万人を派遣した。フランスの場合はイギリスに比べて規模が小さかったものの，13万を超える海外植民地フランス市民が動員された。1917年に参戦したアメリカ合衆国では427万人が動員されたが，そのなかには40万人のアフリカ系（黒人）男性がいたといわれる。

第一次世界大戦に従軍した兵士や銃後で大きな負担を強いられた国民は，さまざまな義務や負担の遂行を通じて国家に対して反対給付を求めるようになり，権利の平等や公的参加の拡大を求める平等意識を強めた

ことが，総力戦体制研究においては広く指摘されている。もとよりその
表出のあり方は国ごとに相違が見られたが，基本的な傾向は共通してい
たといってよい。同様の傾向は，海外植民地市民や植民地住民のほか，
国内でさまざまな差別の対象とされた人々についても当てはまる。より
大きな権利をもつ市民や本国民と同等に戦時体制の義務負担を求められ
たこれらの人々は，権利の点でも平等を求めるようになったのである。
大戦終結後に植民地や自治領で自立化傾向が強まったり，戦後のアメリ
カでアフリカ系アメリカ人の権利意識の高まりが見られたりしたこと
は，戦時体制の経験が権利を制限された人々に及ぼした影響を反映して
いた。

（2）難民・住民交換・亡命者

　戦争において兵士と並んで大きな犠牲を強いられるのは，戦場となっ
た地域に住む民間人である。第一次世界大戦の開戦時にドイツ軍が展開
したベルギー侵攻に際して，子どもを含む男女5500人が殺害され，多
数の住民が難民となった。難民となった人々は国内の他の地域に移住し
たほか，オランダやフランス，イギリスなど国外にも移動した。国外脱
出したベルギー難民は150万人ともいわれるが，休戦まで国外にとど
まった人々は60万人と見積もられている。戦場となった他の多くの地
域でも大量の難民が発生したが，戦線が大きく伸びて広大な領土が占領
されたロシアでは数多くの難民が出現した。ドイツ占領を逃れて帝国内
に移動することを選択した難民は，1917年初頭までに600万人に上っ
たといわれる。交戦諸国は戦争によって発生した国内難民問題への対処
を迫られることにもなったのである。

　第一次世界大戦はまた，大量の戦争捕虜を生み出した。表10‐1（161
頁参照）に見られるとおり，捕虜（および行方不明）は大戦全体を通じ

て両陣営あわせて 700 万人以上といわれているが，交戦国中もっとも多く捕虜を出したのはロシアの 250 万人，次いでオーストリア＝ハンガリーの 220 万人で，両国だけで全体の半数以上を占めていた。捕虜の多くは交戦国間での交換を通じて帰還したが，少なからぬ捕虜が戦後も残留しており，未帰還兵は約 50 万人ともいわれる（その多くはロシア兵 30 万人）。軍事捕虜の帰還問題は，大戦後ヨーロッパの大きな課題となった。

　一方，東欧諸国の少数民族の存在は，大戦後の国際秩序において基礎となった国民国家の形成に際して大きな問題となった。この地域は，国境線をどこで引いても新国家の枠内に少数民族を抱え込まざるを得ない民族混住地域で，とくにバルカン半島はそれが顕著であった。ここでは国内の少数民族の権利を保障するよりも，少数民族を相互交換することで問題を解決する前例が存在しており，すでに 1913 年の第二次バルカン戦争後にオスマン帝国とブルガリアの間で住民交換協定が結ばれていた。第一次世界大戦後もまた，この方法によって少数民族問題が解決されることになり，1919 年にはブルガリアとギリシアの間で住民交換が実施された。さらに第一次世界大戦の延長上に行われたギリシア・トルコ戦争（1919-22 年）では，110 万人のギリシア人がトルコからギリシアに移住し，40 万人がギリシアからトルコに移住した。ここで実施されたのは強制的な住民交換であり，その過程で多くの難民が生まれた。

　さらに 1917 年の十月革命ののち，ボリシェヴィキに敵対して白衛派を支持し，祖国ロシアで確立されたソヴィエト政権を受容することを拒んだ人々が，ロシアを離れて「白系ロシア人」と呼ばれる難民となった。彼らの大部分は，ロシアを統治するソヴィエト体制が遠からず崩壊することを期待し，国外での生活を一時的なものと考えていた。しかしソヴィエト体制が安定化するにつれて，祖国への帰還という白系ロシア

図 10−2　ナンセンパスポート（左）とフリチョフ・ナンセン（右）
〔ユニフォトプレス〕

人の希望は遠のいていった。こうしてロシア人「難民」はその一時的な性格を次第に薄め，より長期的な「亡命者」生活への適応を迫られたのである。かつて 200 万人とも 300 万人ともいわれたロシア人亡命者の数は，現在では百数十万人程度と考えられている。

　難民となって国家の保護を失った人々や，ロシア革命後に亡命者となって移住先からの移動の自由を失った亡命ロシア人を救済するために尽力したのが，大戦後の平和維持を目指して組織された国際連盟であった。北極探検で著名なノルウェーの政治家ナンセンが，1921 年に国際連盟の難民高等弁務官となって難民問題に取り組み，彼が中心となって無国籍難民に国際的な身分証明書を発給したのである。この証明書は彼の名をとって「ナンセン・パスポート」と呼ばれるようになったが，難民が第三国に移住して定着することに大いに貢献した。こうして第一次世界大戦とロシア革命によって生じた難民問題の解決策は，その後に生じた多くの難民問題解決のための基礎となったのである。

学習課題

（1） 第一次世界大戦は，それ以前の戦争と比べてどのような点で新た
　　　な特徴を示していたのか，調べてみよう。

（2） 1917年のロシアで，2度にわたって起こった革命は，どのような
　　　背景で起こったのか，考えてみよう。

（3） 第一次世界大戦後に民族自決の原則に立って形成された国家の領
　　　域と民族分布について調べてみよう。

参考文献

池田嘉郎『ロシア革命——破局の8か月』岩波新書，2017年

池田嘉郎編『第一次世界大戦と帝国の遺産』山川出版社，2014年

木村靖二『第一次世界大戦』ちくま新書，2014年

ロバート・サーヴィス『ロシア革命 1900-1927』（中嶋毅訳）岩波書店，2005年

松戸清裕ほか編『ロシア革命とソ連の世紀1：世界戦争から革命へ』岩波書店，
　　　2017年

山室信一ほか編『現代の起点 第一次世界大戦』全4巻，岩波書店，2014年

11 | ファシズム

西山暁義

《目標＆ポイント》 第一次世界大戦後，戦勝国であったイタリアでは反議会主義的なファシズム国家が成立した。一方，敗戦国であるドイツでは共和政が帝政にとってかわったものの，世界恐慌を機に大きく動揺し，イタリア・ファシズムの影響を受けたナチスが政権を掌握する。この二つの国における独裁体制が，ヨーロッパ全体にどのような影響を与え，また人の移動をもたらしたのかについて考察する。

《キーワード》 ファシズム，ナチズム，統合と排除，スペイン内戦，エチオピア戦争，ユダヤ人，民族共同体

---

1. イタリアにおけるファシズム政権の成立

　第一次世界大戦の講和条件を協議すべく，戦勝国がパリにおいて会議を行っていた 1919 年 3 月下旬，イタリア北部の都市ミラノでは，ベニート・ムッソリーニとその同志たちが政治グループ「戦士のファッシ（戦闘ファッショ）」を立ち上げていた。このグループには，その名の通り，復員兵士，とりわけ戦闘能力の高い突撃部隊の元兵士たちや，さらには近代機械文明を肯定する前衛芸術である未来派などが参加していた。「戦士のファッシ」は，戦時利得の没収や最低賃金の設定と同時にパリにおいて交渉されていた「未回収のイタリア」の獲得という，平等主義的社会改革とナショナリズムを併せもったプログラムを掲げていた。

　指導者であるムッソリーニ（1883 年生まれ）は，イタリア社会党に参加し，その弁舌能力を買われ，暴力による革命を辞さない急進派の若

手として，党機関紙『アヴァンティ（前進）』の編集長を務めていた。戦争が勃発すると，当初中立論の立場をとる党の方針に従っていたものの，参戦論に転じて党から除名された。その後，志願兵として従軍し，戦後「復員兵士」としての自らの立場を強調することになる。軍隊的な規律の重視は，運動の名称でもある「ファッシ」に象徴されていた。それは，斧に皮の帯できつく束ねられた木の棒をくくりつけた古代ローマの国家権威のシンボルであり，団結と規律とともに，民族の歴史的な偉大さの再現を目指すことも意味していた。

　当時のイタリアは，第一次世界大戦後の不況もあり，小自作農や農業労働者による土地占拠や労働者による工場占拠などの権利闘争が激化し，これを調停できない自由主義的議会政治は深刻な危機に直面していた。社会的混乱が続くなか，復員兵士や失業者を中心とする「黒シャツ隊」という私兵を組織し，暴力的な実力行使によって政敵を攻撃し，秩序の再建を訴えるムッソリーニたちの運動は，農村地域を中心に支持を集めていくことになる。1921年に「国民ファシスト党」として政党化した運動は，議会に進出する一方，政敵である社会党に対する暴力行使を続け，1922年10月には政権への参加を目指し，各地の党員（ファシスト）が数万人の規模で首都ローマに集結し，政府に圧力をかけた（「ローマ進軍」）。政府はこのクーデタ的示威行動に対し，戒厳令発布によって対抗しようとしたが，国王が署名を拒否したために挫折した。国王はむしろファシストを取り込むことで体制の存続を図り，ムッソリーニを首相に任命したのである。

　連立政権として出発したムッソリーニ内閣は，ファシスト党が確実に議席の圧倒的過半数を確保する選挙法を制定し，権力基盤の拡大を推し進めた。これに抗議する社会主義者や反ファシズム勢力は，「黒シャツ隊」によるテロ活動によって弾圧され，これを非難した統一社会党の指

**図11-1　「ローマ進軍」
直後，ファシストに囲まれ
て手をあげるムッソリーニ**
〔ユニフォトプレス〕

導者ジャコモ・マッテオッティは拉致，殺害された。さらにムッソリー
ニは，ファシスト内における急進派の統制を図りつつ権力の集中を進
め，1928年には国会選挙は全国統一の候補者名簿に対する信任投票と
なった。他方，社会党やカトリック人民党系の労働組合を解体へと追い
込んだファシスト政権は，同時にスポーツや余暇などのレジャーを国家
的事業（1925年「ドーポ・ラボーロ（労働の後の意）」の創設）として
展開することで，大衆の統合を図った。また，イタリア統一以来の懸案
であったカトリック教会との関係については，1929年にバチカンとラ
テラノ条約を締結し，宗教教育や教会婚の法制化などを容認する一方，
ファシスト国家を公認させることに成功した。このことは，カトリック
教徒が圧倒的多数派であるイタリア国民の間でムッソリーニに対する支
持を高め，独裁政権の安定に寄与した。

2.　ファシズム──理念と運動

　ファシズムは，もともとイタリアにおけるムッソリーニの政治運動と
その支配体制を指す固有名詞であった。確かに，イタリアに限らず，国
民社会を動員して戦われた第一次世界大戦の経験は，これまで政治に対

して受動的であった人々との間でも権利意識を強め，それを背景に政治の大衆化が進んだ。また，ロシアにおいて社会主義政権＝ソヴィエト連邦が誕生したことは，ヨーロッパ諸国，とりわけソ連に隣接し，多民族帝国の崩壊によって成立したばかりの中東欧諸国にとって無視できない影響と圧力を与えるものであった。さらに議会制民主主義の安定性の点で，戦前との連続性が強いイギリスやフランスといった西欧諸国においても，共産党の台頭や社会主義勢力の急進化といった現象が見られ，それは同時に保守派や自由主義など反共産主義勢力の警戒心を高めることにもなった。このような第一次世界大戦後の新たな政治体制の模索のなかで，大衆的基盤を前提としつつも民主主義的な権利や議会政治を否定し，超国家主義（ウルトラナショナリズム）を掲げて暴力的な実力行使にも躊躇がないファシズムが，新たな政治運動として登場したのである。

　政治理念としてのファシズムについては，ナショナリズムや社会主義などさまざまな既存の思想を組み合わせたものであり，明確な体系性があるわけではなかった。たとえば，当初は共和政を志向していたファシスト党は政権を獲得するために王政との共存の道を選択し，またカトリック教会との関係改善についても，ムッソリーニは無神論者であったものの，政権安定化のために妥協可能なことであった。一方，ファシストたちは当初，女性参政権に対して好意的な発言をしていたが，政権獲得後はむしろ「出産する性」としての女性の役割が強調され，選挙自体を形骸化させる選挙法のなかでも女性に参政権が認められることはなかった。労働者の権利についても，当初の社会改革的なプログラムとは裏腹に，ファシストを財政的に支援する経済界の利害が配慮された。こうした理念面での不明確さや日和見主義の一方で，1922年政権を掌握した際にムッソリーニが「ファシズムは教会ではなく（……），むしろ

練兵場のようなものである」と述べているように，理念（教義）よりも運動としての性格が重視されていたのである。このことは世代としてのファシズムの特徴とも関係していた。「ローマ進軍」の時点でムッソリーニは 39 歳であり，ファシスト党の地方幹部の平均年齢は 30 歳代前半，なかには 20 歳代半ばの幹部もいた。すなわち，ファシストは若い兵士として大戦に動員された世代を中核としており，「若さ」はもはや未熟さや修行の時期としてではなく，イタリア再生のために既存の政治体制を打破する活力とみなされた。

　固有名詞としての「イタリア・ファシズム」の一方で，「ファシズム」には戦間期の類似の運動を含めた集合名詞としての側面も存在する。ムッソリーニらは当初ファシズムのイタリア固有の性格を強調して「ファシズムを輸出せず」と語っており，後で述べるように，ファシズムが国境を越えた政治運動として本格的に認識されることになるのは，1930 年代以降のことであった。しかし，すでに 1920 年代より，ファシストたちは世界に広がるイタリア移民コミュニティの間で支持の拡大を図るための活動を進め，そのなかでファシズムを——ムッソリーニらの発言とは裏腹に——他国にも有効な政治的刷新として宣伝していた。実際，イギリスでは 1923 年に，反共主義の女性政治家ローサ・リントーン＝オーマンらによってイギリス・ファシスト党が，その 2 年後にはフランスでピエール・テータンジュによって愛国青年同盟が，それぞれ結成された。また，当時まだ群小政党の一つに過ぎなかったドイツの国民社会主義ドイツ労働者党（ナチス）の指導者アドルフ・ヒトラーは，ムッソリーニの代表的な称賛者であった。「ローマ進軍」にインスピレーションを受けたヒトラーは，その翌年の 1923 年 11 月，賠償支払いの遅延を理由としたフランスによるルール占領とハイパーインフレというドイツ社会の混乱のなかで，「ベルリン進軍」を目的として本拠地南

ドイツのミュンヘンでクーデタを起こしたが，失敗に終わる。短い獄中
生活を経てヒトラーは，武装闘争から合法的政権奪取へと戦術を転換し
ていくことになるが，その後も大衆宣伝と暴力を織り交ぜたムッソリー
ニの政治手法を注意深く観察していた。

3. ドイツにおけるナチズムの権力掌握

　1930年代にファシズムがイタリアに限定されない現象とみなされる
うえで最も重要であったのは，ドイツにおいてヒトラー率いるナチスが
政権を獲得し，独裁体制を成立させたことであった。敗戦と革命によっ
て帝政から共和政へと転換し，「ワイマール憲法」と称されるその憲法
は，社会権の承認などにみられる当時きわめて民主的なものであった。
1920年代初めの政治的，経済的な不安定を乗り越えた共和国は，20年
代後半に入ると「相対的安定期」と呼ばれる時期を迎えていた。しか
し，それはあくまでも相対的なものに過ぎず，第一次世界大戦以降の政
治的，経済的な混乱はなお記憶に生々しく残っていた。また，まさに安
定期においてベルリンをはじめとする大都市において花開く，アメリカ
の影響を受けた現代文化（ワイマール文化）の一方で，それに批判的な
保守的価値観も根強く残っていた。こうしたさまざまな面における見通
しのつかない状況が，国民の間に秩序や安定を志向する心性をもたらし
ていた。

　他方，ナチスの政権獲得の直接的な要因としては，1929年10月24
日ニューヨーク株式市場に始まる世界恐慌が大きかった。アメリカから
の投資に大きく依存していたドイツ経済は大きな打撃を受け，1929年
には130万人だった失業者の数は1933年初めには約600万人に及び，
実質賃金は30パーセント減少した。この3年あまりに及ぶ経済の衰退
と国民生活の窮乏に対して，共和国の主要政党，ひいては議会制民主主

義が有効な対策を打てなかったことが，イタリアのファシストと同様，現状否定を訴える若年世代の運動であるナチ党への投票を促すことになった（1930 年におけるナチ党員の 70 パーセントは 40 歳未満であり，ヒトラーは 41 歳であった）。実際，1928 年の選挙では 2 パーセント強に過ぎなかったナチ党の得票率は，1930 年の選挙では約 20 パーセントに達し，さらに 1932 年 7 月の選挙では 37 パーセントにまで増加した。

　議会制民主主義に対する不満は，ナチスだけではなく，その対極にある共産党の得票にもつながり，共和制を支える政党間による連立の可能性は左右から掘り崩されることになった。ワイマール憲法に規定された「大統領緊急令」に基づく少数派内閣の運営も行き詰まりをみせるなか，1933 年 1 月末，保守派の大統領である老齢のヒンデンブルクはナチスを取り込むことで，政権の安定を図ろうとした。この点にも，10 年前にムッソリーニを首相に任命したイタリア国王と同様の思惑を見て取ることができる。そして政治経験の未熟さから操縦可能だという思惑が外れた点も類似しており，ナチスは政権獲得からわずか 1 年あまりのうちに，すなわちファシスト政権よりも短期間で，共産党や社会民主党，さらに保守派の反対勢力を排除して一党独裁体制を確立することに成功し，共和制議会主義は崩壊した。

　しかし，この「成功」はたんに暴力的な弾圧や法制度だけによるものではなかった。経済政策の面では，（すでにヒトラー政権以前から始まっていた）「アウトバーン（自動車専用道路）」建設や軍需生産などの大規模な公共事業によって雇用を創出し，政権発足時 580 万人いた失業者は 1937 年までにはほぼ皆無となった。この軍需生産を梃子とする経済政策は，再軍備を公然と推進し，35 年には徴兵制を導入，さらに 1936 年には非武装地帯とされていたラインラントに進駐するといった攻撃的な外交政策と裏腹の関係にあった。同年，ソ連を模倣して開始さ

図11-2 「夢の生活」
フォルクスワーゲンの自家
用車に庭付きの一軒家。手
前の子どもの手には，大砲
のおもちゃを結ぶ紐が握ら
れていることに注意。
〔ユニフォトプレス〕

れた「4か年計画」では，国防費支出は全体の50パーセントまで膨ら
んでいる。この背景には，第一次世界大戦の教訓として，外国に資源を
頼らず，自給自足（「アウタルキー」）を旨とする国家の理想像があった
が，実際に敗戦によって国土を削られたこともあり，ドイツにとってそ
れは現状維持では不可能な命題であった。タイミングは別として，ナチ
スにとって軍事的征服はその存続に不可欠であると考えられていたので
ある。

　さらに国民の統合を進めるうえで，ナチスは観光旅行や自家用車所有
という，消費者としての欲求を政治的に活用した。ここにも，イタリア
の「ドーポ・ラボーロ」からの「学習」がみられる。とくに後者は，
1938年に設立されたフォルクスワーゲン（「国民車」の意）社製の，ア
メリカのフォード社を範とした大量生産に基づく安価な自家用車を積み
立てによって購入するシステムであった。実際には，戦争勃発によって
自家用車は軍用車に作り替えられ，国民の手に渡ることなく，また積立
金も戦費に消えることになったが，日々の生活に見通しがもてなかった
以前と比べ，「夢の生活」の実現可能性を示したことは，独裁体制が受
け入れられるうえで大きな意味をもった。

　しかし，こうした生活の安定や将来の夢はナチ政権成立当時のすべて
のドイツ人に与えられたわけではなかった。ナチスが唱えた「民族共同
体」からまず排除されることになったのが，ユダヤ人である。ナチ党は
発足当初より反ユダヤ主義の旗を掲げていたが，政権獲得過程における
国民の投票行動において，この反ユダヤ主義は必ずしも大きな影響力を
もったわけではない。しかし，政権獲得後，ナチスは職業官吏再建法
（1933 年 4 月）によって，政治的反対派とともに「非アーリア系」ドイ
ツ人を公職から排除した。「非アーリア系」とはユダヤ人を指すことは
暗黙の了解であったが，実際のところ「ユダヤ人」の法的定義は存在し
ていなかった。これを示したのが，1935 年の「ニュルンベルク法」で
あったが，同法での定義も祖先の宗教によるものであったが，ナチスは
これを本人の意思や信仰信条とは関係のない，生物学的な「人種」であ
ると規定した。ユダヤ人に対する迫害は，公職追放から，公民権剥奪，
経済活動の制限へとエスカレートし，1938 年の「水晶の夜」のような
大規模な組織的暴力の標的にもなった。

　ナチのいう「民族共同体」に属するものは，こうした「ユダヤ系」や
「スラヴ系」ではない人々という，否定的な定義によるものであった。
しかし，かりに人種的に「アーリア系」であったとしても，たとえば遺
伝的疾患をもった障碍者もまた，共同体を内から弱体させる者として排
除の対象となり，1933 年 7 月の「遺伝病根絶法」によって断種が合法
化された。優生思想に基づく断種はドイツだけではなく，他国において
も見られたが，ナチスの政策はさらにエスカレートし，第二次大戦開戦
直前には「生きるに値しない生命」として身体的あるいは精神的障碍者
のガス室における殺害が指令され，少なくとも約 10 万人（戦時中の占
領国における数は含まず）が犠牲となったのである。

4. ファシズムと反ファシズムの国際化

　世界恐慌とその後の経済の急速な悪化，そして議会政治の機能不全は，ファシズムに対する関心をあらためて呼び起こした。各国にファシズムの理念や手法を模倣する運動が出現し，ファシズムはより集合名詞として認識されるようになった。それに応じて，イタリアのファシスト自身もまた，自らを普遍的な運動の先駆者として位置付けるようになる。1932年，ムッソリーニはファシズムを「世界の政治的，精神的再生」と述べており，オズワルド・モズレーの「イギリス・ファシスト同盟」や，ベルギーのレオン・デグレル率いる「レクシスト運動」に資金提供を行い，クロアチアの「ウスタシャ」にはシチリア島に訓練場を提供していた。しかし，1933年のナチスの政権獲得と，その後の独裁体制の確立は，そのスピードと，ベルリン・オリンピック（1936年）に見られるような「華々しさ」もあいまって，次第にイタリア・ファシズムをしのぐ注目を集めることに寄与した。

　こうした序列の変化は，イタリアとドイツの両ファシスト国家の関係に競合や緊張の側面を与えることにもなったが，国際関係における現状打破を志向する両体制は，1930年代半ば以降，接近を強めていくことになる。ナチス・ドイツは政権成立の年，日本に続いて国際連盟を脱退したが，こうした選択が外交上可能と考えられたのは，経済的な混乱が続くなか，各国が「ブロック経済」など自国最優先の政策を推し進め，国際協調に対する熱意が全般的に大きく低下していたからであった。一方，1937年のイタリアの連盟離脱は，戦前植民地化に失敗していたエチオピアに対する再度の侵略戦争（1935年）に対し，国際連盟がはじめて経済制裁を行ったことが原因であった。この経済制裁自体は不十分なものであったが，英仏との関係悪化のなかで，イタリアはドイツとの

関係強化を図ることになったのである。

　ファシズムの国際的な影響力の増大は，それに対抗する勢力の結集も促し，1936年にはフランスやスペインで共産党も参加する「人民戦線」内閣が成立した。しかし後者においては，フランコ将軍率いる軍の反政府蜂起によって内戦へと突入することになる。おりしも，反乱勃発の翌日は，同年開催されるベルリン・オリンピックをファシズムによるスポーツの祭典の政治利用としてボイコットしたスペインがホスト国となり，ナチ政権獲得以前の1931年の開催地選出の決選投票でベルリ

図11-3　ベルリンにヒトラーを訪問したムッソリーニ（1937年）
〔ユニフォトプレス〕

ンに敗れたバルセロナにおいて「人民オリンピック」が開催されることになっていた。直前の内戦勃発のためこの大会は中止となったが，そこに集まっていた選手の一部は，スイス出身の女性アナーキストであり，水泳の代表であったクララ・タールマンのように残留し，共和国の民兵として参加した。その後，ヨーロッパ各地から数千人の義勇兵が参加することになり，アンドレ・マルローやジョージ・オーウェル，アーネスト・ヘミングウェイなどの知識人らとともに，イタリアやドイツで迫害され，亡命を余儀なくされた共産党や社会党などの党員も加わっていた。彼らにとってスペインはファシズムを食い止める場であったが，とくにイタリアの義勇兵にとっては「今日はスペイン，明日はイタリア」

と母国のファシスト体制を打倒する反転攻勢の出発点でもあると考えられた。しかし，共和派政府を支援する国家はソ連にとどまり，その影響力は内部分裂をもたらした一方，フランコ側には，イタリアやドイツが参加し，ヨーロッパのファシスト団体からの義勇兵も加わった。なかでも，再軍備の過程のなかで空軍力をテストするために行われた，バスク地方の都市ゲルニカに対するドイツ空軍の無差別爆撃は，それに抗議するパブロ・ピカソの絵で有名である。

　スペイン内戦は，緊張を強める国際関係の軸がファシズムにあるという認識を強めることになった。実際，「ベルリン・ローマ枢軸」を唱えたムッソリーニは，1937 年に日独防共協定に加わっている。ただし，大戦時に「枢軸国」となる 3 国の連携を過大視するべきではない。強力なナショナリズムを前提とするファシズム，とりわけナチズムは，自国，自民族の優位を前提としており，対等な関係はありえず，そのなかで第二次大戦直前に締結された独ソ不可侵条約のように，同盟国を「出し抜く」こともあった。

5. 故郷を追われる人々，離れる人々

　戦争直前の時期には，それまでムッソリーニが「ユダヤ人問題は存在しない」と明言していたイタリアにおいても「人種法」が制定され，エチオピアの人々とともにユダヤ人も差別，迫害の対象とされた。各国の間で温度差があるものの，反ユダヤ主義はこの時期にヨーロッパのファシストの間で共有されるものとなっていった。もちろん，迫害が最も激しかったのはナチ・ドイツであった。1933 年から 39 年開戦にいたるまでにドイツを出国したユダヤ人は，1933 年 1 月時点の合計約 50 万人（ドイツの全人口の 0.8 パーセント，1938 年のオーストリア併合後は同国のユダヤ人 12 万人が加わる）のうち半分をやや超える程度であっ

た。ただし，それには何回かの波があった。ナチス自身，戦前のユダヤ人政策は迫害によるユダヤ人の国外への排除に主眼が置かれ，絶滅政策へと転換するのは開戦後，独ソ戦以降のことであった。一方，ユダヤ人の移住が断続的であった背景には，ドイツ文化のなかで育ってきた特に年長の世代にとって，国外への移住の決断は容易ではなく，ナチス政権は一過的なものであり，やがて以前の状況に戻るであろうという楽観論も根強かった。さらに，移住に際しての出国ビザの取得は，多くのユダヤ人にとって事実上私財没収に近いものであったことも，躊躇の要因となった。

　移住を受け入れる国の対応も，経済的に不安定な状況が続くなか，決して好意的であったわけではない。1938年7月，増大するユダヤ人難民にかんする国際会議がフランスの保養地エヴィアンで開催された際も，各国代表は同情を示す一方で，自国の受け入れ数の増加を認めよう

図11-4　セントルイス号のユダヤ人難民入国拒否をめぐる風刺画（Fred Packer in the New York Daily Mirror：1939年6月）
〔ユニフォトプレス〕

とはしなかった。また，1939 年 5 月，ドイツ・ハンブルクを出港した客船セントルイス号には約 900 人のユダヤ人が乗船していたが，入国許可証をもつキューバで上陸を拒否された後，アメリカ，カナダでも受け入れられず，ヨーロッパに送還された。また同時期，シオニズム運動が進めていたパレスチナへの入植も，委任統治を行うイギリスが厳しい制限を課したため困難となっていた。逃げ場を失ったユダヤ人の多くは，その後絶滅政策の犠牲となる。それはドイツ領内に限らず，1933 年にドイツからオランダに移住していたアンネ・フランク一家のように，戦時中ドイツに占領されることになる大陸諸国のユダヤ人たちにも降りかかることになった。

　1938 年以降，ナチスはオーストリアを併合し，チェコスロヴァキアからズデーテン地方を奪うなど，攻撃的な政策を加速していた。こうした領土拡大は，たんに敗戦で奪われたドイツ帝国領の回復ではなく，ドイツ民族の「生存圏」の東ヨーロッパへの拡大の最初の段階であり，ポーランドへの侵攻によって大戦が始まると全面的に展開されることになる。民族的に同質的な空間を作り出すため，ナチスはユダヤ系やスラヴ系住民の排除・抑圧とともに，国外のドイツ系住民の移入政策を進めた。そうした「国外ドイツ系住民」の居住地域の一つが南チロル（アルト・アディジェ）である。第一次世界大戦後，この地方がオーストリア領からイタリア領になったのち，ファシスト政権はドイツ語を母語とする者が約 9 割に及ぶ多数派であるこの地域において，学校教育や司法，さらには姓名，街路名などにおいてドイツ語を排除する厳しいイタリア化政策を進めていた。しかし，カトリック教会などを中心とする抵抗もあり，ファシストが目論む同化は容易に進まなかった。そのため 1930 年代にはイタリアの諸地域からの移入政策が強化され，1939 年には住民の 4 分の 1（8 万人）がイタリア系住民となっていた。

図 11-5　南チロルからドイツへと移住する人々とそれを見送る人々
〔Rolf Steininger, University of Innsbruck, Austria〕

　1933 年のナチスの政権掌握は，こうした同化・抑圧政策にさらされた南チロルのドイツ系の人々にとって希望を与えるものであり，さらに 1938 年のオーストリア併合によってドイツとイタリアが国境を接するようになると，長年の忍耐から解放されるとの期待が高まった。しかし，ヒトラーはイタリアとの関係においてズデーテン地方の場合のような選択肢は取りえなかった。結局，大戦勃発後に締結された両国間の協定では，ドイツ系住民に国籍選択が認められたが，それは南チロルの家族にとって，ドイツを選べば故郷を去り，移住をしなければならず，残留すればイタリアによる同化政策の継続を甘受するという，二つのファシズム国家の間の困難な選択であった。この選択をめぐって，地域社会では暴力をともなう激しい宣伝活動が展開された結果，85 パーセント，21 万人以上の住民がドイツ国籍を選択した。そのうち実際に移住したのは 7 万 5000 人であったが，半分以上が最初の 1 年目の移住であり，その後急激に減少した。それは，ナチス政府が約束した移住地が実際に

は決まらず，多くの者が仮設住宅での肩身の狭い生活を余儀なくされた
ためであり，ムッソリーニの失脚によりドイツ軍が南チロルを直接支配
することになると，移住政策は中断された。それとともに残っていたユ
ダヤ人コミュニティが破壊され，障碍者の殺害も行われることになっ
た。この時期から戦後にかけて移住者の3分の1が帰還することになる
一方で，国籍選択したものの移住にいたらなかった者は，法的に無国籍
となり，彼らに再びイタリア国籍が認められることになるのは，1948
年のことであった。

　南チロルは，ファシズム国家の狭間で翻弄された一つの地方の住民の
例である。ドイツが引き起こした第二次世界大戦は，戦後の東ヨーロッ
パからのドイツ系住民の避難・追放を含め，1000万単位の人々から故
郷を奪い，その多くは帰郷することはなかった。ここにも，「ファシズ
ムの時代」が歴史に残した暴力の爪あとを見ることができる。

学習課題

（1）　イタリアのファシストとドイツのナチスを比較し，両者の共通点
　　　と相違点を挙げたうえで，両者を「ファシズム」としてとらえる
　　　ことの意義と問題点について考えてみよう。
（2）　ドイツとイタリア以外のファシズム運動を一つ取り上げ，その成
　　　立や組織について調べてみよう。
（3）　ナチスがドイツで政権を獲得したのちに亡命したユダヤ人を一人
　　　取り上げ，その移動の経路を調べてみよう。

参考文献

北村暁夫『イタリア史 10 講』岩波新書，2019 年

ケヴィン・パスモア『ファシズムとは何か』（福井憲彦訳）岩波書店，2016 年

山口定『ファシズム——その比較研究のために』有斐閣，1979 年

山本秀行『ナチズムの記憶——日常生活からみた第三帝国』山川出版社，1995 年

若尾祐司・井上茂子編著『近代ドイツの歴史——18 世紀から現代まで』ミネルヴァ
　　書房，2005 年

12 | 第二次世界大戦と冷戦

中嶋　毅

《目標＆ポイント》　1939年9月，ドイツ軍のポーランド侵攻によって第二次
世界大戦が始まった。41年には日本がアメリカ合衆国と戦争を始めたことで，
ヨーロッパとアジアの戦争が結びついて世界規模での戦争となった。勝利し
た連合国によって戦後の新たな世界秩序が形成されたが，アメリカ合衆国を
中心とする資本主義陣営（西側）と，ソ連を中心とする社会主義陣営（東側）
が，世界的規模で緊張状態を生み出した。第二次世界大戦から冷戦初期の
ヨーロッパの歴史を概観しながら，ヨーロッパ秩序の変化と人の移動の変化
のかかわりについて考える。
《キーワード》　独ソ戦，ヤルタ会談，鉄のカーテン，トルーマン・ドクトリ
ン，マーシャル・プラン，ベルリン封鎖，北大西洋条約機構，コメコン

1. 第二次世界大戦

（1）戦争の開始

　第一次世界大戦後のヨーロッパ秩序であるヴェルサイユ体制の打破を
目指すヒトラーが率いるドイツは，国外ドイツ人を統合する「民族共同
体」の形成に向けて膨張路線をとり，1938年3月にオーストリアに侵
攻してこれを併合した。さらにドイツは同年9月，ドイツ系住民が多数
居住するチェコスロヴァキアのズデーテン地方の割譲を要求した。これ
に対してイギリスとフランスは，イタリアを交えてドイツのミュンヘン
で英仏独伊4カ国首脳協議を開き（ミュンヘン会談），チェコスロヴァ
キアの合意を得ないまま，ドイツのズデーテン地方併合を承認した。ド

イツとの妥協によってヨーロッパの戦争を回避しようとする英仏の戦略
は，チェコスロヴァキアが犠牲となることで当面は成果を収めたが，結
果的にはドイツの膨張政策を助長した。

　その後ドイツは，ミュンヘン協定の合意を無視して 1939 年 3 月に
チェコスロヴァキアを解体し，チェコの残部を保護領に，スロヴァキア
を保護国にして領土を拡大した。さらにドイツは同じ名目で，リトアニ
アに対してメーメル（クライペダ）の，ポーランドに対してはダンツィ
ヒ自由市の割譲要求を突きつけた。リトアニアは 39 年 3 月にこれを受
け入れてメーメルはドイツに併合されたが，ポーランドがドイツの要求
を拒否すると，ドイツはポーランド侵攻の準備を進め始めた。

　この動きに対してイギリスは，フランス・ソ連と組んでドイツを牽制
しようとしたが，英仏がドイツの攻撃をソ連に向かわせようとしている
と疑念を抱いたソ連は，ドイツとの戦争を回避する道を選択した。こう
して 1939 年 8 月には独ソ不可侵条約が締結されたが，相互の武力行使
の回避を約した同条約に付された秘密議定書では，ポーランド領の分割
と沿バルト諸国における独ソ両国の勢力範囲の境界が定められていた。

　後顧の憂いを断ったドイツ軍は 1939 年 9 月 1 日，ついに国境を越え
てポーランド領に侵入した。この直前にポーランドと相互援助条約を結
んでいた英仏は，9 月 3 日にドイツに対して宣戦布告し，こうして第二
次世界大戦が始まったのである。

（2）ヨーロッパ戦争から世界戦争へ

　ドイツ軍はポーランドで電撃戦を展開し，またたく間にポーランド西
半分を占領した。独ソ不可侵条約秘密議定書で勢力圏を定めていたソ連
は，ドイツ軍のポーランド侵攻に呼応して東部ポーランドを占領した。
ソ連は同議定書の取り決めに基づいて，フィンランドに領土割譲を求

め，これを拒否されると 1939 年 11 月にソ連＝フィンランド戦争を起こして，翌 40 年にはカレリア地方を獲得した。さらにソ連は，39 年 9 月〜 10 月にエストニア・ラトヴィア・リトアニア 3 国とそれぞれ相互援助条約を締結してソ連軍の駐留を認めさせ，軍事的圧力のもとで翌 40 年夏にこの 3 国をソ連の連邦構成共和国として事実上併合した。

これに対して西方では，ドイツと英仏との間に実質的な戦闘が起こらない「奇妙な戦争」と呼ばれる状況が続いたが，1940 年 4 月にドイツ軍が北欧に侵攻し，次いでオランダ・ベルギーに進軍して，40 年 6 月にはフランスを占領下においた。ドイツの快進撃を見たイタリアは，同年 6 月にドイツ側に立って参戦した。40 年 9 月には日独伊三国軍事同盟が成立し，連合国に対抗するファシズム諸国の結束が図られた。

1941 年にバルカン半島を制圧したドイツは，同年 6 月に不可侵条約を破って独ソ戦を開始してソ連本土に侵攻した。この間，中国での戦争を本格化していた日本はアメリカ合衆国との対立を深め，41 年 12 月には対米英戦争に踏み切った。こうしてヨーロッパの戦争とアジア太平洋地域の戦争が結びつくことで，第二次世界大戦は第一次世界大戦の規模をはるかに超えて，文字通りの世界戦争へと拡大していった。ここから戦争は，イギリス・アメリカ・ソ連を中心とする連合国と，ドイツ・イタリア・日本を中心とする枢軸国との間で展開されることになった。

奇襲攻撃でソ連の不意を突いたドイツ軍は，北部では 1941 年 9 月からレニングラード（現，サンクト・ペテルブルク）を包囲したが，レニングラードは 900 日に及んだ包囲戦を耐え抜いた。中部では同年 10 月にドイツ軍がモスクワ近郊まで迫ったが，ソ連政府はクイビシェフ（現，サマラ）に疎開して徹底抗戦し，ドイツ軍の進撃を食い止めた。一方，南部のドイツ軍は 42 年夏にヴォルガ川西岸のスターリングラード（現，ヴォルゴグラード）を包囲したが，43 年にはソ連軍が反撃に

出てドイツ軍を押し戻した。この年の半ばころから，ドイツ軍は次第に退却戦に追い込まれた。一方，劣勢に立ったイタリアは，1943 年 7 月にムッソリーニ政権が崩壊すると，9 月に連合国に降伏した。

　アジアで日本の戦局が悪化すると，1943 年 11 月にアメリカ・イギリス・中国の首脳がカイロ会談で対日戦処理方針を定め，これをうけてローズヴェルト，チャーチル，スターリンがテヘランで会談した。この合意に基づいて 44 年 6 月，連合国軍は北フランスのノルマンディーに上陸し，第二戦線を構築した。勢いに乗る連合国軍は，同年 8 月にはパリを解放した。東部戦線では，44 年後半から 45 年初頭にソ連軍が東欧諸国を解放しながら進撃し，解放地域で親ソ政権を支援して影響力を拡大した。

（3）戦争の終結へ

　西の連合国軍と東のソ連軍がドイツに迫りつつあった 1945 年 2 月，米英ソ 3 国首脳はクリミア半島のヤルタで会談し，ドイツの戦後処理問題，ポーランドの新政府樹立問題などを協議した。ポーランド問題では，影響力を維持しようとするソ連と米英が対立し，相互不信は大戦後の冷戦につながることになった。またヤルタ会談では，ドイツ降伏後のソ連の対日参戦も取り決められた。

図 12-1　ヤルタ会談時の英米ソ 3 首脳
左からチャーチル，ローズヴェルト，スターリン。
〔ユニフォトプレス〕

　一方，米英ソ3国は，戦後世界秩序の形成に向けて動き出した。1944年8月～10月に開かれたダンバートン・オークス会議で，国際連盟に代えて新たな国際機関を組織する提案が採択された。この提案をうけて45年4月～6月に開かれたサンフランシスコ会議において，国際連合憲章が正式に採択された。この間，ドイツの首都ベルリンは，ソ連軍の攻撃により5月2日に陥落した。最終的にドイツ国防軍は5月7日に降伏文書に調印して，ヨーロッパにおける戦争は幕を閉じた。

　チャーチルとスターリン，ローズヴェルト没後にアメリカ合衆国大統領となったトルーマンの3首脳は，1945年7月にポツダムで会談してドイツ管理問題を協議した。さらにこの会談では，米英中3か国の名で日本の無条件降伏を求めるポツダム宣言が発表された。こののち8月には，アメリカが広島と長崎に原子爆弾を投下して日本に打撃を与え，戦後東アジアで影響力を維持しようとしたソ連は，ヤルタ協定に基づいて対日参戦に踏み切った。日本は8月14日にポツダム宣言受諾を連合国に通告し，翌15日には国民にも公表して，最終的に9月2日の降伏文書調印をもって第二次世界大戦が終結した。

2. 冷戦の展開

（1）第二次世界大戦後のヨーロッパ諸国

　第二次世界大戦の終結後，連合国は敗戦国を占領統治して，戦争犯罪の糾弾と非軍事化を進めた。ドイツとオーストリアは英米仏ソ4か国によって分割占領され，ベルリン市も4か国の分割管理下におかれた。またドイツとポーランドとの国境は西方に約200キロメートル移動され，オーデル川とナイセ川を結ぶ線に定められて，同線以東と東プロイセンはポーランドとソ連の行政下におかれた。

　戦争末期にソ連が影響下においた東欧諸国では，第二次世界大戦との

かかわりは国ごとに多様であった。国家が解体されたポーランドやチェコスロヴァキアでは，ドイツに対する抵抗勢力が軍事組織を結成して対独闘争を展開し，国内での影響力を拡大した。またドイツの攻撃を受けたユーゴスラヴィアでは，共産党がパルチザン部隊を組織して対独闘争を主導した。一方，枢軸国側に立ったハンガリーやルーマニアでは，侵攻したソ連軍の圧力のもとで共産党を含む新たな政権が組織された。このような相違は，戦後の東欧諸国のあり方に影響を及ぼすことになった。

　一方，ドイツによる占領を経験したフランスや，連合国に降伏ののちドイツとの戦いに回ったイタリアでは，対独抵抗運動の経験を背景に，左翼勢力が支持基盤を拡大した。フランスでは共産党の伸長が著しく，1945 年 10 月の制憲議会選挙では第一党に躍進し，1946 年に始まる第四共和政でも大きな影響力を維持した。イタリアでも，戦後に共和政が成立する過程で共産党が大きな役割を果たした。

　連合国に分割占領されたドイツでは，ソ連占領地区で共産党が再建され，ソ連の支援を得て 1945 年 9 月に共産党主導で土地改革が実施された。またソ連占領地区では，戦争被害の代償として厳しい賠償取立てが実施され，原燃料や工業製品の接収だけでなく工業生産設備も解体されてソ連に搬送された。これはドイツの工業生産力に深刻な打撃を与えた。

　ドイツに対するソ連の過酷な措置の背景には，第二次世界大戦でソ連が被った甚大な戦時破壊があった。1945 年には戦前の資本財の 25 パーセントが破壊されており，被占領地ではその規模は 66 パーセントにも及んでいた。戦後のソ連は，再度の大規模工業建設を遂行して生産力を復興しなければならなかった。また 2700 万人ともいわれる人的損失を被ったソ連では，深刻な労働力不足から農業の復興は困難を極め，天候不順もあって 46 年には深刻な不作となり，飢饉が発生した。ドイツを打倒したソ連は，極度の経済的困難に苦しむ戦勝国であった。

　自国の再建に取り組まねばならないソ連には，東欧諸国に社会主義体制を移植して勢力圏を形成する余裕はなく，当面は共産党（国によって党名は異なる）が参加した政権を安定化させることで満足した。戦後の東欧諸国では，共産党を含む連立政権のもとで土地改革や主要産業の国有化などの社会改革が進められた。東欧の指導者たちは，複数政党制を基礎に連立政権が政治を担う体制を「人民民主主義」と呼んで，社会主義革命とは異なる「新たな道」と考えた。しかし，共産党が政権を担ったユーゴスラヴィアや，戦前からの伝統を引き継ぐ共産党を有するチェコスロヴァキアなど以外の国々では，ソ連の影響力を背景に各国共産党が露骨な勢力拡大路線を追求し，競合する政治勢力を抑え込んでいった。

（2）冷戦の始まり

　フランスやイタリアでの共産党の躍進や，東欧諸国での親ソ政権の確立に対して，アメリカ政府内部では次第にソ連に対する警戒感が強まっていった。早くも1946年3月，イギリス首相を退任してアメリカ合衆国を訪問したチャーチルが「鉄のカーテン」演説を行って，中東欧諸国がソ連の影響下にあることに注意を喚起してソ連の膨張主義的姿勢を警告した。一方トルーマン大統領も，ドイツ占領行政体制の相違や，黒海から地中海に抜けるボスフォラス・ダーダネルス両海峡の管理問題をめぐって，ソ連に対する不信感を強めていた。

　この時期，イギリスの影響下にあったギリシアでは，共産党を中心とする左翼勢力が王党派と右派勢力による弾圧に抗して武装闘争を展開し，1946年に内戦が始まった。これに対してソ連はイギリスとの協定により不介入の態度をとったが，ユーゴスラヴィアなど隣国は反政府勢力を支援した。当初アメリカは，ギリシア政府を支援するイギリスに批判的な立場をとったが，財政難を理由にイギリス政府が海外駐留軍の縮

小を発表してアメリカに支援を要請すると，アメリカは方針を転換して，ギリシアとトルコに対する支援に乗り出すことを決定した。

　こうして1947年3月トルーマンは，共産主義の膨張から自由世界を防衛する責任をアメリカ合衆国が負うことを宣言する「トルーマン・ドクトリン」を発表して，合衆国議会にギリシアとトルコへの支援の承認を求めた。ギリシア・トルコ援助法は可決され，アメリカはソ連の脅威に対する「封じ込め」政策をとることになった。この新たな方針は，ソ連とアメリカの対立を基軸とする「冷戦」の根幹をなすものであった。

　さらにアメリカは1947年6月，経済的苦境にあるヨーロッパで共産党が影響力を拡大するのを阻止するため，大規模な経済援助を供与する計画を発表した。この計画を発表したマーシャル国務長官の名をとって「マーシャル・プラン」と呼ばれる経済復興援助計画は，元来はソ連東欧諸国を含む全ヨーロッパを対象としたもので，西欧との経済的結びつきが強かったチェコスロヴァキアは計画実施を協議する欧州経済復興会議への出席を受諾した。しかしソ連は，計画の背後にあるアメリカの政治的意図に反発し，マーシャル・プランへの不参加を表明した。そして参加を希望していたチェコスロヴァキアなど東欧諸国に圧力をかけて，計画への不参加を強要した。

　アメリカ合衆国の攻勢に対して，ソ連は1947年9月にコミンフォルム（共産党情報局）を結成して東欧諸国の引き締めに向かった。コミンフォルムに参加した各国共産党は，世界が「二つの陣営」に分かれて対立していることを確認するソ連の路線を受け入れることを強いられた。ここから東欧諸国の「人民民主主義」にも変化が現れ，連立政権を維持していた国々では共産党以外の諸政党に対する圧力が強まって，次第にソ連型の一党支配体制へと傾斜していった。

　東欧でソ連の圧力が強まるなか，1948年2月にチェコスロヴァキア

共産党が同国内務省の人事に介入したことを契機に，非共産党閣僚が大統領に辞表を提出する事件が発生した。国内の分裂を恐れた大統領は共産党の要求に応じて閣僚の辞表を受理し，その結果，共産党中心の政権が誕生して連立政権は崩壊した。こうしてチェコスロヴァキアでもソ連型社会主義の導入が始まった。さらに同年6月のコミンフォルムのユーゴスラヴィア追放は，東欧諸国の自主路線を認めないソ連の立場を示すものとなり，東欧諸国の「スターリン主義化」を決定づけた。こうしてユーゴスラヴィアを除く東欧諸国は，ソ連を盟主とする東側陣営に組み込まれていった。「冷戦」が東西両陣営の緊張状態を表す言葉として広く用いられるようになるのも，このころからである。

（3）東西対立の高まり

　東西対立の最前線であったドイツでも，マーシャル・プランの発表後に西側占領地区とソ連占領地区との管理体制の亀裂が顕著になり，1948年3月にはソ連が連合国管理委員会から引き揚げた。さらに同年6月にはドイツの経済再建を目的として，旧来のライヒスマルクを廃止して新たにドイツマルクを導入する通貨改革が西側占領地区で実施された。新マルクは西ベルリンにも導入されたため，東側の経済混乱を危惧したソ連は対抗措置をとり，西側占領地区と西ベルリンを結ぶ

図12-2　ベルリン封鎖
西ベルリンに物資の空輸を行う米軍機に手を振る子どもたち。

〔ユニフォトプレス〕

陸路を封鎖した。米英仏 3 か国は，西ベルリンに物資を空輸してベルリン封鎖に対抗し，封鎖はおよそ 1 年後に解除された。ベルリン封鎖は東西間の直接対決にはいたらなかったが，ドイツは経済面でも分断された。

　ソ連占領地区でドイツ人側から占領体制を支えた社会主義統一党は，社会民主党と共産党が合同して 1946 年に成立した政党であったが，ベルリン封鎖を契機として急速に共産党色を強め，政治的な統制を強化していった。一方，49 年 5 月にベルリン封鎖が終了すると，西側占領地区の各州の代表者で構成された議会評議会が，ドイツ再統一までの暫定的な憲法となるボン基本法を採択した。ここにボンを首都とするドイツ連邦共和国（西ドイツ）が成立した。これに対抗して，ソ連占領地区でも独自の憲法を制定する動きが活発化し，同年 10 月には東ベルリンを首都とするドイツ民主共和国（東ドイツ）が成立した。こうしてドイツは分断国家となったのである。

　この間，ヨーロッパ諸国は，1948 年 4 月に欧州経済協力機構を組織してマーシャル・プランの実施に向かった。さらに，東欧諸国へのソ連の影響力拡大を警戒した西側諸国は 49 年 4 月，アメリカ合衆国を含めた 12 か国で北大西洋条約機構（NATO）を結成して，共同防衛体制を確立した。こうした動きに対抗してソ連は，49 年 1 月に東欧諸国と経済相互援助会議（コメコン）を結成して経済的統合を進めた。その後，1955 年 5 月に西ドイツは主権回復を宣言して再軍備に乗り出し，NATO に加盟した。この動きをうけてソ連は，同月にワルシャワ条約機構を結成して，東欧諸国との軍事的結合を強化した。こうしてヨーロッパにおける東西対立は，経済だけでなく軍事の面でも構造化されていった（図 12-3，次頁参照）。

図 12-3　ヨーロッパの政治地図（1952 年時点）

出典：ベン・ステイル『マーシャル・プラン』みすず書房，2020 年，付録 D p.160 を参考にして作成。

3. 国際情勢の変化と人の移動

（1）第二次世界大戦と人の移動

　第二次世界大戦では，第一次世界大戦時をはるかに超える兵員が動員

表 12 - 1　主要参戦国の損失推計（単位：人）

	動員数	戦死者	負傷者	市民の犠牲者
アメリカ合衆国	14,900,000	292,100	571,822	ごく少数
イギリス	6,200,000	397,762	475,000	65,000
フランス	6,000,000	210,671	400,000	108,000
ソ連	25,000,000	7,500,000	14,012,000	10～15,000,000
中国	6～10,000,000	500,000	1,700,000	1,000,000
ドイツ	12,500,000	2,850,000	7,250,000	500,000
イタリア	4,500,000	77,500	120,000	40～100,000
日本	7,400,000	1,506,000	500,000	300,000
その他	20,000,000	1,500,000	推計なし	14～17,000,000*
総計	105,000,000	15,000,000	推計なし	26～34,000,000

注：＊ドイツとすべての占領下のヨーロッパ諸国の約600万人のユダヤ人，および約450万人のポーランド人を含む。
出典：*The Harper Encyclopedia of Military History : From 3500B.C.to the Present,* 4th ed.（NY, 1993）, p.1309 より作成。

され，戦死者・戦傷者数も第一次大戦のそれを大きく上回った。さらに第二次大戦時には，銃後の一般市民の間にも巨大な人的損失を生み出した。表12-1は，第二次大戦時の損失推計を示したものである。それぞれの正確な数値を示すことは困難だが，この推計から大まかな動向を知ることは可能である。これによれば動員総数は1億人を超えており，その多くが兵士として異国の戦場に強制的に移動させられたのである。

　戦場となったヨーロッパ各地では，大量の避難民が発生した。ドイツ軍の侵攻に脅かされたソ連では大規模な疎開が実施され，大量の人と物資が東部に移送された。1941年末までに疎開した労働者・勤務員とその家族の総数は，1800万人に上った。これとは別に，独ソ戦開始にともなって41年8月，ヴォルガ川流域に居住したドイツ系住民（ヴォル

ガ・ドイツ人）45万人が「敵性分子」として強制移住させられ，その後ソ連各地のドイツ系住民も強制移住の対象となった。ソ連軍が反撃に転じた43年になるとソ連当局は，ドイツ側占領軍に対して「好意的」であったとみなした個人・集団を厳しく処罰した。こうして43年11月〜44年3月に，カラチャイ人・チェチェン人・イングーシ人・カルムイク人あわせて65万人を強制移住させた。さらに44年5月には，対敵協力を理由にクリミアのタタール人30万人が強制移住させられた。これらの追放の過程で，10万人を超える犠牲者も発生した。

　一方ドイツでは，戦時の労働力確保のために，占領地・従属国の民間労働者を連行して企業に配分し，劣悪な環境のもとで働かせた。これに加えて，軍事捕虜も強制労働に従事させられた。1944年夏の時点でドイツ企業に使役されていた外国人労働力は総計790万人で，そのうち各国から強制的に連行された民間労働者は600万人，軍時捕虜が190万人であったという。最も多くの労働力を供給した国は沿バルト地域を含むソ連で，790万人のうち36パーセントを占めており，これに21パーセントのポーランドが続き，これにチェコスロヴァキアを加えた3国で全体の6割以上を占めていた。

　ソ連軍が東プロイセンに侵攻するようになると，ドイツ人避難民が出現し始めた。さらにソ連軍が東欧諸国を解放してドイツ本土に接近すると，避難民や追放されたドイツ系住民の数が急増した。この流れは，戦後ドイツが直面する大きな課題の前兆であった。

（2）第二次世界大戦後の移動の流れ

　第二次世界大戦の戦後処理の過程でポーランド国境が大きく西方移動したことはすでに見たが，これと同時にポーランド東部地域をソ連が獲得して，ポーランド領は全体として大きく西方に移動した。この国境線

移動に際して，ソ連と新生ポーランドとの間で住民交換協定が結ばれ，ソ連領となった旧ポーランド東部から210万人のポーランド人が新生ポーランドに移住した。逆にポーランドからウクライナ人，ベロルシア人，リトアニア人などがソ連領へと移住した。

　こうした措置にあわせて，新生ポーランド領となった旧ドイツ東部領土に居住するドイツ人は強制的に排除されることになり，これと並行してポーランド領に居住するドイツ系住民も事実上「追放」されることになった。さらに，ソ連軍によって解放されたチェコスロヴァキアやハンガリーのドイツ系住民も，戦後の強制移住政策の対象とされた。中東欧からの「追放」対象の多くは，中世以来のドイツ東方植民を通じて移住先で定着したドイツ系住民であった。ドイツ人「追放」者のうち800万人は西ドイツに，400万人が東ドイツに流入し，「追放」時におよそ200万人の人命が失われたという。

　ドイツの敗戦によって，戦時中に労働力として連行された外国人，軍時捕虜および強制収容所の生存者が解放され，これらの人々の本国帰還がドイツからの人の流出となって表れた。なかでも多数を占めたのはソ連帰還者で，ドイツその他の地域から400万人を超える捕虜・労働者がソ連に送還された。他方，終戦時には，ソ連に移送されたドイツ軍捕虜およそ200万人が捕虜収容所で生活していた。彼らの多くは劣悪な環境のなかで労働力としてソ連各地で使役されたが，戦後は労働に適しない捕虜から順次釈放されて本国に送還された。

　第二次世界大戦後に東西対立が激しくなると，両陣営相互の間の人的交流は「鉄のカーテン」によって実質的に閉ざされた。そのなかでソ連東欧諸国から出国できた集団の一つが，ユダヤ人であった。戦後の東欧諸国では新生国家の建設途上でドイツ系住民ほかの少数民族排除政策が進められ，ユダヤ人もその対象となったのである。彼らの多くはパレス

チナに向かい，1948年にイスラエルが建国されると移住者はさらに増加した。とくにユダヤ人人口が多かったポーランドとルーマニアからの出国者は多く，建国直後から1951年の間にポーランドから10万5000人，ルーマニアからは11万6000人がイスラエルに移住した。しかしソ連では，戦後スターリン時代の抑圧の高まりをうけて，外国との接触が厳しい制約下にあったため，ユダヤ人出国もごくわずかであった。

一方，分割占領下におかれた敗戦国ドイツでは，ソ連占領地区から西側占領地区への住民移動は，中東欧諸国からの「追放」ドイツ人の波のなかで，当初は必ずしも重大な現象とはとらえられていなかった。しかし1949年にドイツが分断国家となると，東ドイツから西ドイツへの越境は政治体制の正統性にかかわる問題となり，社会主義体制からの「逃亡」と認識されるようになった。同時に西側への逃亡は，労働力不足に苦しむ東ドイツからの貴重な労働力の流出を意味していた。こうして50年代になると，逃亡に対する監視が次第に強化された。

しかし1950年代に入っても東ドイツから西側への逃亡はあとを絶たず，とくに52年7月に社会主義統一党が社会主義建設の方針を打ち出すと，東ドイツ市民の逃亡は急増した。50年から52年までの逃亡者が年平均で約18万人であったのに対し，53年には逃亡者数が33万人を超えるまでになった。東ドイツ政府は，労働者不足の大きな要因となった西側への逃亡を抑制すべく境界線管理の厳格化を進めたものの，困難な生活から逃れようとする人々の流れを止めることはできなかったのである。

学習課題

（1）　第二次世界大戦はヨーロッパでどのように展開されたのか，調べてみよう。

（2）　第二次世界大戦中から戦後にかけて生じた人の移動について，一つの国を取り上げて調べてみよう。

（3）　冷戦はどのような過程をたどって激化したのか，調べてみよう。

参考文献

ベン・ステイル『マーシャル・プラン——新世界秩序の誕生』（小坂恵理訳）みすず書房，2020 年

マイケル・ドックリル，マイケル・ホプキンズ『冷戦 1945-1991』（伊藤裕子訳）岩波書店，2009 年

ノーマン・M・ナイマーク『民族浄化のヨーロッパ史——憎しみの連鎖の 20 世紀』（山本明代訳）刀水書房，2014 年

スーザン・バトラー『ローズヴェルトとスターリン——テヘラン・ヤルタ会談と戦後構想』上・下（松本幸重訳）白水社，2017 年

油井大三郎・古田元夫『第二次世界大戦から米ソ対立へ』世界の歴史 28，中央公論社，1998 年

13 │ 社会主義体制下のヨーロッパ

中嶋　毅

《目標＆ポイント》　1953 年のスターリンの死後，ソ連では非スターリン化が進められた。56 年のスターリン批判は東欧諸国に混乱を招いたが，その経験を経て東欧諸国は次第に独自の社会主義路線を歩み始め，ヨーロッパの安定を求める東西両陣営の間で 70 年代には緊張緩和（デタント）が進められた。東西対立からデタントに向かう過程をたどりながら，国際情勢の変化と人の移動との関連について考える。

《キーワード》　フルシチョフ，スターリン批判，ハンガリー事件，ブレジネフ，プラハの春，デタント，東方外交，ベルリンの壁

---

1. スターリンの死とソ連東欧圏の変容

（1）非スターリン化路線の登場

　1953 年 3 月 2 日，ソ連共産党書記長スターリンは，モスクワ郊外の別邸で脳卒中の発作に倒れ，意識を回復しないまま 5 日夜に世を去った。スターリンの死の直前に開会された共産党中央委員会総会では，新たにマレンコフが首相に選出され，フルシチョフが中央委員会の職務に専念することが決定された。

　スターリンの死後，ほとんど全面的な政策転換が始まった。3 月末には受刑者に対する大赦が実施され，抑圧の緩和に向かう兆しが現れた。また食料品や消費財の価格引き下げが発表された。さらに 5 月には，1939 年以降にソ連領になった地域（バルト諸国，西ウクライナ，西ベロルシア）の諸権利の拡張が打ち出され，6 月には「個人崇拝」を批判

した「教育用論文」が共産党機関紙『プラウダ』に掲載された（もっともスターリンの名前とは結びつけられてはいなかった）。

　初期の非スターリン化政策の多くを主導したのは，スターリンの後継者候補の一人で内務大臣のベリヤであった。彼の同僚たちは，非スターリン化を進めて「改革者」として行動するベリヤを大いに警戒し，6月末にはベリヤを逮捕して同年末に処刑した。ベリヤを排除したのち，指導部のなかでの主導権争いは，首相を務めていたマレンコフとフルシチョフ書記との間で繰り広げられた。

　マレンコフは 1953 年 8 月，重工業への重点投資から農業と消費財生産に対する投資の引き上げに転換して，国民生活を重視する経済政策に率先して乗り出した。また彼は，平和的外交路線を提唱し，スターリン時代の外交路線からの転換を打ち出した。一方，同年 9 月に正式に第一書記に選出されたフルシチョフは，54 年 1 月，マレンコフの農業政策の不振を批判しつつ，穀物生産問題の解決策として大規模な「処女地開拓」を提案した。この方針は共産党中央委員会で承認され，穀物増産策として短期的には成功を収めた。

　勢いに乗るフルシチョフは，1954 年秋には重工業重視を打ち出して，マレンコフの経済政策に対抗した。またフルシチョフは，失脚したベリヤとマレンコフとの密接な関係を示唆してマレンコフの政治的威信の低下を図った。フルシチョフの攻撃を受けてマレンコフの立場は弱まり，55 年 2 月には首相職を辞任した。後任の首相にはフルシチョフ支持者のブルガーニンが選出され，フルシチョフはスターリン後の主導権争いで優位な位置に立つことになった。

（2）スターリン批判

　スターリンの死後ただちに実施された大赦で釈放された元囚人の多く

は刑事犯で，「反革命」犯罪で有罪となった人々は対象外であった。しかしこれは抑圧緩和に向かう兆しと受けとられ，スターリン時代に抑圧を受けた人々の関係者が名誉回復要求に乗り出した。共産党内外の圧力のなかで党指導部は1955年12月，スターリン時代の抑圧の資料調査を行う委員会を設置した。これはスターリン側近であったモロトフ，カガノヴィチら古参幹部にとっては不都合な過去の暴露につながりかねなかったが，フルシチョフや彼の支持者ミコヤンら後輩世代の指導者には古参幹部の影響力を排除する機会であった。

1956年2月にソ連共産党第20回党大会が開かれた際，大会最終日の非公開会議でフルシチョフは，スターリンを厳しく批判する「秘密報告」を行った。報告内容はのちに共産党員に伝えられ，ソ連社会でスターリン批判が広まった。またアメリカ国務省が報告を入手して英訳を公表したことで，スターリン批判は世界に巨大な影響を及ぼした。これに先立つ54年には，スターリン後のソ連社会の変化を敏感に感じ取った作家エレンブルクが小説『雪どけ』を発表していたが，この小説のタイトルはソ連社会の非スターリン化を象徴する言葉として用いられた。

1956年のスターリン批判は，ソ連体制が移植された東欧諸国に深刻な影響を及ぼし，ポーランドとハンガリーでは政治的混乱を招く要因となった。ポーランドでは同年6月にポズナンで暴動が起こり，軍が出動して暴動を鎮圧したが，これをうけて開かれた統一労働者党（共産党）中央委員会総会は，ソ連の強い圧力にさらされながらも，新たにゴムウカを第一書記に選出して事態を収拾した。これ以後ポーランドは，独自の社会主義路線を歩み始めた。

ハンガリーでは，ポーランドの改革路線をうけて体制改革を求める動きが強まり，10月23日には首都ブダペストの学生や市民が体制改革とソ連軍撤退を求める大規模なデモを実施した。これに対して翌24日に

図 13-1　ハンガリー事件時にブダペストで破壊されたスターリン像
〔ユニフォトプレス〕

ソ連軍が出動し，混沌とした状況のなかで改革派のナジが首相に就任した。自由化を求める動きに押されたナジ首相は複数政党制の承認を発表し，さらにワルシャワ条約機構からの脱退を宣言した。ナジ政権の急進化を抑えるため，11月4日にはソ連軍がブダペストの本格的攻撃を開始し，ナジ政権を打倒して新たに親ソ派のカーダール政権を樹立した。

　「ハンガリー事件」と呼ばれるこの出来事は，スターリン批判を契機に起こったことから，ソ連国内ではスターリン批判の「行き過ぎ」を懸念する勢力を刺激することになった。これ以後，スターリン批判には一定の歯止めがかけられた。

（3）フルシチョフ改革とその挫折

　マレンコフを抑えたフルシチョフは，西側陣営との軍事的対抗を前提しつつ，直接対決を回避して平和的競争を目指す平和共存路線をとった。軍事的には，ソ連は1955年5月の西ドイツのNATO加盟に対抗してワルシャワ条約機構を設立する一方，同月にはオーストリアと国家条約を締結して同国の主権回復を承認した。またソ連は，同年9月に西

ドイツと国交を回復して，ヨーロッパの旧枢軸国との戦後処理を終えた。

　1956年のハンガリー事件ののち，フルシチョフの進めるスターリン批判に懸念を抱く古参幹部と反フルシチョフ勢力が結びついて，57年6月に共産党中央委員会幹部会でフルシチョフ解任が提起された。しかしフルシチョフは中央委員会総会で巻き返しに成功して権力基盤を確立し，58年3月には首相職を兼任して共産党と政府のトップに立った。

　フルシチョフは工業管理組織の改革を進めるとともに，1959年2月の第21回臨時党大会で従来の五カ年計画に代えて七カ年計画を提案し，工業生産高でアメリカ合衆国に追いつくことを目標に設定した。さらに61年10月の第22回党大会では，今後10年間に一人あたり生産高でアメリカを追い越し，20年以内に共産主義社会が基本的に建設されると宣言された。これはきわめて楽天的な主張ではあったが，国民大衆に社会主義の未来像を提示して体制の支持を確保しようとするフルシチョフ政権の方針を表すものであった。

　しかしフルシチョフの急速な変革は，しばしば大きな混乱をもたらした。工業管理組織改革は経済状況の改善につながらず，かえって組織上の混乱を引き起こし，経済成長率は徐々に低下した。とくに農業では成長率の低下が深刻な状況となり，フルシチョフは1962年に畜産品調達価格を引き上げるとともに食料品小売価格の引き上げに踏み切った。これに反対して一連の都市でデモが発生し，とりわけノヴォチェルカッスクではデモが大規模な暴動へと発展した。

　こうした深刻な経済状態に対処するために，フルシチョフは1962年11月，農業を管轄する党組織と工業を管理する党組織に共産党を2分割し，経済分野に対する共産党の指導を強化しようとした。しかし，この党機構改革は組織上の混乱をもたらすともに，既存の体制に既得権益をもっていた党・国家官僚層の頑強な抵抗を引き起こし，結局は失敗に

終わった。

　フルシチョフの改革路線が国民大衆の支持を喪失し，党・国家官僚層の利害に抵触した時，フルシチョフ権力に対する挑戦が共産党指導層の間で発生した。1964年には共産党中央委員会のなかに反フルシチョフ・グループが形成され始め，同年10月にフルシチョフは，自らが権力基盤としていた共産党中央委員会によって第一書記の座から解任された。フルシチョフの後任の第一書記にはブレジネフが，首相にはコスイギンが就任した。

2.　安定から停滞へ

（1）ブレジネフの安定化路線

　党第一書記となったブレジネフは，フルシチョフが断行した党機構改革をただちに元に戻し，1965年にはフルシチョフが導入した地方国民経済会議を廃止して中央の部門別工業省を復活した。ブレジネフは，共産党と国家機関の幹部の既得権益を擁護することを通じて，政治体制を安定化することを追求したのである。こうしてブレジネフのもとで，党・国家エリートの固定化が始まった。同時にブレジネフの政策は，農業への投資増加，消費財生産の重視，社会福祉の拡充，国民の生活水準の向上といった社会改良的な路線をとったが，こうした政策は新指導部が国民大衆の支持を獲得し権力を確立するには好都合であった。

　失敗に終わったフルシチョフの工業管理改革をうけて工業成長の回復を図るために，1965年にはコスイギン首相が中心となって，新たな経済改革が実施された。この改革の目的は，個々の企業により大きな自主性と責任を与えることを通じて，効率を改善し生産を拡大することにあった。しかしブレジネフが志向した改革は，構造的な変革ではなくむしろ制度的な再編であり，基本的にはスターリン時代の経済システムの

枠内での調整というべきものであった。結局この経済改革も，60年代末には指令経済的方法に徐々に侵食されて挫折した。

　フルシチョフのもとで強力に推進されたスターリン批判は，ブレジネフのもとでは歯止めがかけられた。1966年の第23回共産党大会直前にはスターリンの復権の試みも見られたが，これは指導的知識人や一部の党幹部の抵抗によって阻止された。しかし60年代後半になると，フルシチョフ政権下で発表が認められていた学術書や文学作品が出版禁止の対象に変更されたり，スターリンの指導を部分的に再評価する動きが登場したりするようになった。ブレジネフ指導部は，スターリン再評価を目立たない形で進めていったのである。このような風潮にともなって，イデオロギーは次第に保守化していった。

（2）「プラハの春」と改革の後退

　ソ連におけるスターリン批判とそれが引き起こしたポーランドとハンガリーの動揺は，ソ連の影響下にあった東欧諸国に大きな衝撃を与えた。これに対して各国の政治指導者は，それぞれの国の事情に基づいてソ連との関係を調整し，アルバニアやルーマニアのように自主路線を歩む国も現れた。しかし同時に，東欧諸国の多くは第二次世界大戦後の復興にあたって重工業を過度に優先したソ連型の中央集権的計画経済を実施したことから，1950年代末から60年代には東欧諸国でもソ連と同様に経済成長の鈍化が見られるようになった。

　この時期ソ連では，フルシチョフのもとで経済管理改革の試みが現れ，フルシチョフ後の1965年にはコスイギン経済改革が行われていた。一方，1948年にコミンフォルムから追放されて独自の社会主義路線を進めていたユーゴスラヴィアでは，早くも50年には生産における労働者自主管理が提唱されていた。そこから出発して「市場社会主義」

路線を目指した65年の経済改革は，経済の自由化と分権化を進めて
いった。

　ソ連やユーゴスラヴィアの動きに刺激をうけた東欧諸国の改革志向の
指導者たちはそれぞれに，中央集権的な計画経済に一定の自主性を持ち
込もうとする独自の経済改革を追求し始めた。チェコスロヴァキアで
は，保守派の抵抗で改革案を実現できない改革派が，次第に政治改革を
求めるようになった。さらにチェコとスロヴァキアとの間の経済格差を
背景に，チェコ人とスロヴァキア人との民族問題が，経済改革を求める
動きを契機として次第に顕在化していった。

　こうした状況のなかで，チェコスロヴァキア共産党内部でチェコ人へ
の権力集中に不満を抱くグループと政治改革を求める改革派が結びつ
き，1968年1月に党中央委員会はスロヴァキア人で穏健改革派のドゥ
プチェクを党第一書記に選出した。権力基盤を固めたドゥプチェク指導
部は4月，共産党の「行動綱領」を採択し，政治的民主化，言論の自
由，市民的権利の擁護などの方針を打ち出した。この大胆な民主化改革
は「プラハの春」と呼ばれ，市民たちは共産党による改革を強力に支持
した。

　ソ連や他の東欧諸国の指導者たちは，チェコスロヴァキアでの民主化
改革の影響が自国に波及して支配体制が動揺することを強く懸念した。
ついに1968年8月20日夜，ソ連軍を主力とするワルシャワ条約機構軍
がチェコスロヴァキアに侵攻し，翌21日には全土を占領下においた。
ドゥプチェクら改革派指導者はソ連に連行され，ソ連の要求を受け入れ
ることを強いられた。帰国したドゥプチェクらは，ソ連の指示に従って
「プラハの春」以前の状態に戻る「正常化」のための措置の実行にあ
たった。改革の後退に市民たちは強く抵抗したが，ソ連の圧力のもとで
共産党中央委員会は69年4月にドゥプチェクを第一書記から解任し，

208

図13-2 チェコ
事件時にプラハで
戦車の前に立ちは
だかって抵抗する
青年
〔ユニフォトプレス〕

　後任にソ連との妥協を受け入れるフサークを選出した。フサークのもと
で，中央集権的な政治経済体制が再建されることになった。
　ソ連の軍事介入は世界中で大きな反響を呼び，西側諸国はソ連に対し
て強い抗議を表明した。事件は国際共産主義運動にも衝撃を与え，西欧
諸国の共産党がソ連を強く非難しただけでなく，ルーマニアやアルバニ
アの党もソ連の行動を非難した。これに対してソ連は，社会主義共同体
全体の利益は個々の国家主権に優位するという「制限主権論」（ブレジ
ネフ・ドクトリン）を提起して，軍事介入を正当化した。ソ連の論理は
東欧諸国の自律性を大きく制約したが，他方で東欧諸国は，社会主義政
権の政治的独占という枠組みのなかで，それぞれの条件のもとで実質的
には国ごとに多様な歩みを進めることになった。

（3）デタントとソ連東欧圏

　長らく東ドイツを承認しないアデナウアー首相に代わって1963年に
首相に就任したエアハルトのもとで，西ドイツは東欧諸国に接近し始め
た。さらに西ドイツで66年に社会民主党が政権に参加すると，東側陣

営との協調を目指す「東方外交」の勢いが増した。68年のチェコ事件
を契機に西ドイツは，ヨーロッパの安定にとってソ連との関係改善が重
要であることを再認識し，ソ連も西欧との関係の安定化を望んでいた。
69年に首相の座についた社会民主党のブラントは積極的な東方外交を
展開し，70年にはソ連との間でドイツの東方国境を承認し相互の武力
不行使を宣言するモスクワ条約を締結した。

　1971年9月に米英仏ソ4か国によって，ベルリンの現状を確認する
ベルリン協定が結ばれると，同年末には西ドイツと西ベルリンの間の通
行を保障するトランジット協定が締結された。東西間のこの交渉が弾み
となって，東西両ドイツは翌72年末，相互に相手国を承認する東西ド
イツ基本条約を締結した。両国の関係は「正常な善隣関係」とされ，そ
れぞれの首都には「大使館」ではなく「常駐代表部」が置かれるという
特殊な関係ではあったが，これはヨーロッパの緊張緩和（デタント）を
象徴する出来事となった。

　この間，軍備拡張による経済的圧迫を感じていた米ソ両国は，戦略兵
器の数量の相互制限で共同歩調をとるにいたった。両国は1969年末の
予備交渉を経て，70年から戦略兵器制限交渉（SALT）を積み重ね，
72年5月にSALTⅠに調印した。また同年7月には小麦通商協定が締
結され，アメリカ産小麦のソ連輸出が取り決められた。さらに同年10
月には米ソ通商協定も締結された。こうして米ソ間でも緊張緩和が進ん
でいった。

　東西間のデタントで大きな成果を挙げた事例の一つが，1975年8月
のヘルシンキ宣言である。東西ドイツ基本条約によって全ヨーロッパの
安全保障が可能になったことをうけて，73年から75年にかけて全欧安
全保障会議の交渉が行われ，75年7月末に35か国首脳が集まって広範
な合意を形成することに成功した。8月1日に発表されたこの最終文書

（ヘルシンキ宣言）の内容は，主権平等，武力行使の抑制，国境の不可侵，国家の領土保全，紛争の平和的解決など多岐にわたるが，特筆すべきことは，この宣言に「人権及び基本的自由の尊重」が盛り込まれたことである。ソ連はヨーロッパにおける自国の立場が承認されることと引き換えに，人権条項を受け入れねばならなかった。

　ヘルシンキ宣言の人権条項は，ソ連東欧諸国の市民に体制批判を行う可能性を与えることになった。ソ連では，体制に批判的な「異論派」の人権活動家たちが，1976年に「ヘルシンキ履行監視グループ」を組織した。チェコスロヴァキアでは1977年1月，ヘルシンキ宣言の人権条項が順守されていないことを明らかにした「憲章77」と題する文書が，批判的知識人たちによって発表された。各国の治安機関はこうした人権運動を抑圧したが，ソ連東欧諸国での人権運動の広がりは，社会主義体制下でも普遍的価値観が追求されていることを示すものであった。

3. 非スターリン化と人の移動の変化

（1）ソ連東欧諸国からの出国問題

　スターリンの死は，ソ連東欧諸国の人の移動にも変化をもたらした。スターリン最晩年の時代に厳しく制限されたユダヤ人の出国が緩和され，とくに東欧諸国からのユダヤ人出国が急増した。ポーランドでは，1955〜60年に5万1000人のユダヤ人が出国し，そのうち4万2600人がイスラエルに移住した。ソ連からの直接の出国はごくわずかであったが，旧ポーランド地域出身者のポーランド帰国という形で移住が可能だったため，同時期に1万8700人の旧ポーランド出身ユダヤ人がポーランドに帰国した。その大多数は，イスラエルに再移住した。

　ソ連からイスラエルへのユダヤ人出国には大きな制約が課されたが，1966年には変化の兆しが見え始めた。しかし67年に第三次中東戦争が

始まると，反イスラエルの立場に立つソ連では再びユダヤ人出国にブレーキがかかり，国内の反ユダヤ主義的風潮が高揚した。こうしたなかで68年に起こったチェコ事件で悪化したソ連の国際的イメージを改善すべく，ソ連当局はユダヤ人出国容認へと転じることになった。しかしこの時期のユダヤ人出国政策は選択的で，出国者の中核は第二次世界大戦期の併合地域のユダヤ人であり，その多くはイスラエル移住を目指すシオニスト系ユダヤ人であった。またその出国方針は，ソ連当局にとって厄介な活動家を排除する目的に基づくものであった。

　1960年代末にかけてシオニスト系ユダヤ人や熱心なユダヤ教徒に出国の道を開いたことは，他のユダヤ人の出国熱を刺激することになり，70年代前半には多数の出国申請が出されるようになった。これに対してソ連当局は，一方で出国希望者に高額の出国税やその他各種の制約を課すと同時に，他方では大量出国を容認する方針へと転換したのである。70年代はソ連からの大量出国の時代となり，この時期には22万人を超えるユダヤ人がソ連から移住した（表13-1参照）。国際的緊張緩和のなかで生じたソ連からのユダヤ人大量出国はこのように，デタントとは離れたところで決定されていたと考えられる。

　一方，東西両陣営の最前線にあった東西ドイツ間の人の移動は，より深刻な問題であった。1950年代の東ドイツでは，急速な社会主義経済建設が進められたが，この急進路線の実施が経済的困難を引き起こした

表13-1　ソ連ユダヤ人の出国者数

年	移住者数（人）
1971	13,022
1972	31,681
1973	34,733
1974	20,628
1975	13,221
1976	14,261
1977	16,736
1978	28,864
1979	51,320

出典：Salitan, L.P., *Politics and Nationality in Contemporary Soviet-Jewish Emigration, 1968-89*（London, 1992），p.108より作成。

212

ため，東ベルリンから西側への大量逃亡が続いたのである。50年代後半の逃亡者数は年平均で20万人を超え，61年1月～8月にも15万人以上の逃亡者があったといわれる。これに対して東ドイツ政府は，61年8月に西ベルリンを有刺鉄線で包囲して交通を遮断した。東西ベルリンを隔てる「ベルリンの壁」は，徐々にコンクリート製の本格的なものとなり，東西分断は決定的となった。

　「ベルリンの壁」を超えて西側に脱出することは非常に困難になったものの，1961年以降も東ドイツから西ドイツへの非合法の逃亡はあとを絶たなかった。一方，東ドイツの政治犯を西ドイツへ出国させる代わりに西ドイツ政府が東側にその対価を支払う「自由買い」と呼ばれるシステムが60年代前半には形成され，一部の反体制活動家が事実上東ドイツを追放されていた。72年末の東西ドイツ基本条約締結後の両独関係の改善のなかで，この方法の運用が拡大された。

（2）社会主義ツーリズムの展開

　ソ連東欧諸国から外部世界への人の移動が厳しく制限された一方，非スターリン化の時代になると社会主義圏内でも外国旅行者数が急速に増加した。「雪どけ」のソ連では，人々の多様な欲求を充足するとともに社会主義諸国間の善隣友好関係を促進するうえで，社会主義圏内の外国旅行が大きな成果をもたらすと考えられたのである。表13-2に見られるように，1956年以降，

表13-2　ソ連の旅行者数の変遷（単位：人）

年	外国からの旅行者数	外国への旅行者数
1956	486,000	561,000
1960	711,000	730,000
1965	1,300,000	1,200,000
1970	2,000,000	1,800,000
1975	3,700,000	2,500,000
1980	5,000,000	4,000,000

出典：Соколова М. История туризма. Учебное пособие. 5-е изд., М. 2008. C. 296, 301-302.

外国からソ連を訪問する旅行者とソ連から外国を訪れる旅行者の双方とも増加したが，その多くは社会主義圏内の旅行者であった。ソ連から西側諸国に旅行できた人々は，主に共産党や国家機関などのエリート層が中心で，慎重に選抜された人々であった。一方，東欧諸国への旅行は，労働組合の組合員や非党員の勤務員など一般の人々にも開かれていた。

　東欧諸国でも，ハンガリー事件以降には社会主義友好国への外国旅行が次第に盛んになった。西ドイツへの市民の脱出という問題を抱えていた東ドイツでは，1972 年に隣国のチェコスロヴァキアとポーランドの 2 国との間で査証免除の交通協定が締結されて，東ドイツ市民はこの 2 国に気軽に旅行できるようになった。70 年代の相互の旅行者数は，東ドイツから両国への旅行者が年間約 900 万人，両国から東ドイツへの旅行者は年間約 800 万人であったといわれる。

　ソ連東欧圏内の外国旅行者増加の背景には，各国で深刻化していたモノ不足という事情も作用した。外国旅行に出かけた人々は，自国では入手しがたい物資を旅行先で購入できるようになった。とくに消費物資不足に悩まされていたソ連から東欧諸国へ出かけた旅行者は，外貨持ち出し制限による制約を受けながらも，自国で不足する物資を旅行先でこぞって購入した。ソ連からの外国旅行は，多くの場合は団体旅行であったが，社会主義的集団主義に立って組織された外国旅行が個人の消費意欲を刺激することになったのである。

　1970 年代のデタントの時代になると，東西間の人的交流も次第に盛んになった。とくに 72 年末に基本条約が結ばれた東西ドイツでは，東西間の結びつきが強まり，相互交流が活発化した。1973 年には，西ドイツや西ベルリンから延べ人数で 800 万人が東側を訪問していた。これに対して東ドイツから西側への訪問は政策的に抑えられ，なかでも逃亡の可能性が懸念された若年層の西側訪問には当局の許可は厳しく抑制さ

214

れた。

　社会主義圏内であれ西側への訪問であれ，外国旅行を通じて外部世界を見聞した社会主義諸国の人々は，外国との比較のなかで自国を相対化する視点をもつ可能性を獲得できた。こうした経験が徐々に蓄積されたことは，1980年代の社会主義圏に大きな変化をもたらす素地の形成につながったと考えられる。

学習課題

（1）　スターリン批判が世界に及ぼした影響について調べてみよう。
（2）　「ベルリンの壁」が冷戦のなかでどのような意味をもったのか，
　　　　考えてみよう。
（3）　1970年代にデタントが登場した背景について調べてみよう。

参考文献

エトガー・ヴォルフルム『ベルリンの壁──ドイツ分断の歴史』（飯田収治ほか訳）
　　　洛北出版，2012年
河合伸晴『物語 東ドイツの歴史──分断国家の挑戦と挫折』中公新書，2020年
木戸蓊『激動の東欧史──戦後政権崩壊の背景』中公新書，1990年
松戸清裕『ソ連史』ちくま新書，2011年

南塚信吾編『ドナウ・ヨーロッパ史』新版世界各国史 19，山川出版社，1999 年
和田春樹『スターリン批判 1953 〜 1956 年——一人の独裁者の死が，いかに 20 世
　紀世界を揺り動かしたか』作品社，2016 年

14 | ヨーロッパ統合

北村暁夫

《**目標＆ポイント**》　現在の EU（ヨーロッパ連合）にいたる第二次世界大戦後のヨーロッパ統合の歴史を理解する。また，ヨーロッパ統合が進んだ時代は同時にヨーロッパの外部から多数の移民・難民が流入した時代でもあり，そのことによりヨーロッパは多様性をさらに高めていることを理解する。
《**キーワード**》　ヨーロッパ経済共同体，ヨーロッパ連合（EU），シェンゲン協定，イミグレ，ガストアルバイター

1. ヨーロッパ統合の過程

（1）ヨーロッパ統合の始まり

　5 世紀に西ローマ帝国が滅亡して以来，ヨーロッパを一つのまとまった地域に統合するという思想は，近代にいたるまで繰り返し唱えられてきた。だが，それは観念的な理想にとどまるか，自らの領土的な拡張のための方便として利用されるに過ぎなかった。

　今日のヨーロッパ統合の起源を語る際にしばしば言及されるのが，オーストリア人の R. クーデンホーフ＝カレルギーの著書『パン・ヨーロッパ』（1923 年刊行）である。彼は同書で，第一次世界大戦の悲惨な経験をふまえて仏独の和解を説き，ヨーロッパを一つのブロックとしてまとめることで，ヨーロッパの地位の低下を食い止めることができると主張した。彼の構想は 1920 年代の国際協調の時代には一定の支持を得たものの，世界恐慌後にファシズムの脅威が増していくと影響力を失った。

　第二次世界大戦後に冷戦体制が成立していくなかで，ヨーロッパ諸国は米ソという超大国のはざまで自らが埋没していくことを強く意識するようになった。西ヨーロッパの経済復興は，1947年に始まるマーシャル・プランというアメリカの経済援助に支えられて達成された。1949年には北大西洋条約機構（NATO）が成立し，西ヨーロッパ諸国は西側陣営の一員として組み込まれていく。

　この状況下で，フランスと西ドイツ（1949年成立）の経済協力を通じて独仏間の和解を進め，その協力関係をヨーロッパ規模に拡大させて連邦化することを構想したのが，フランス計画庁長官ジャン・モネであった。彼の構想は1950年に，仏独の石炭と鉄鋼の生産をすべて共通の機関のもとで管理するというシューマン・プラン（シューマンは当時のフランス外相）に結実する。これが今日のEUの直接的な出発点である。1951年には仏独にイタリア，ベネルクス三国（ベルギー，オランダ，ルクセンブルク）を加えた6か国がパリ条約に調印し，翌年ヨーロッパ石炭鉄鋼共同体（ECSC）が発足した。この機関はたんに経済協力を行うにとどまらず，「高等機関（High Authority）」の設置など主権の一部を譲り受けた超国家機関となった点が画期的であった。

（2）ヨーロッパ統合の深まり

　さらに，1952年にヨーロッパ防衛共同体（EDC）条約が調印されたが，西ドイツの再軍備に難色を示すフランスが条約を批准しなかったため，実現にいたらぬまま頓挫した。この失敗を教訓として，経済活動に特化した統合の進展が目指されることになる。1957年に調印されたローマ条約を受けて，翌年ヨーロッパ経済共同体（EEC）とヨーロッパ原子力共同体（EURATOM）が発足した。EECは加盟国による共同市場と関税同盟を設立することを目的としており，とくに農業に対する補助

図 14 - 1　ローマ条約の
調印（1957 年）
〔ユニフォトプレス〕

をめぐって共通農業政策を策定していく。

　EEC は経済面での統合を重視していたため，超国家的機関としての
側面はむしろ後退していた。そこで，ヨーロッパ議会やヨーロッパ委員
会といった超国家的な機構の権限強化を図る提案が 1965 年に提出され
た。この提案に真っ向から反対したのが，フランス大統領シャルル・
ド・ゴールである。ド・ゴールはフランスの政治・経済・外交における
独自性を強く主張していたが，EEC が西ヨーロッパ全体の経済発展を
もたらす限りにおいてヨーロッパ統合を歓迎していた。しかし，EEC が
フランスの主権を脅かすような政策を打ち出すと彼は強硬に反対し，
EEC は危機に陥る。結局，経済統合をさらに進展させることで合意が
形成された。1967 年に新たな条約が発効し，これまでの ECSC，EEC，
EURATOM の三つの共同体の執行機関が統合されて，いわゆるヨー
ロッパ共同体（EC：European Communities）が成立した。

　ド・ゴール退陣後の 1969 年 12 月，オランダのハーグで EC 6 か国の
首脳会議が開催され，そこで統合の「完成・深化・拡大」が打ち出され
た。「完成」は共通農業政策に対する融資を大幅に拡張することで，こ
の政策を「完成」させることを意味した。「深化」は経済通貨同盟の設
立と外交政策の調整の枠組みを作ることを意味した。前者については，

1970 年にルクセンブルク首相ウェルナーによる「ウェルナー・プラン」が提出され，単一通貨にいたる道筋が示された。経済通貨同盟はその後の石油ショックの影響などもあって挫折するが，このプランは現在の共通通貨ユーロ導入への最初の一歩となった。

　「拡大」は，三つの方針のうち，この時期に最も大きな成果を見た。これまで幾度も失敗してきたイギリスとの交渉が進み，1973 年にはイギリス，アイルランド，デンマークの 3 か国が EC に加盟することになった。

　石油ショック後の経済危機により，1970 年代のヨーロッパ統合は停滞期にあったとしばしば評価されるが，それでも法制度や行政機構の整備は進められた。1979 年にはヨーロッパ通貨制度（EMS）が設立され，経済危機からの脱出と一度挫折した通貨統合への再挑戦が志向されるなど，統合は水面下で着実に進展した。また，1970 年代半ばに独裁政権が崩壊し，議会制民主主義が機能するようになったスペイン，ポルトガル，ギリシアの加盟交渉が開始された（正式加盟はギリシアが 1981 年，スペイン，ポルトガルが 1986 年）。

（3）ヨーロッパ連合

　1980 年代に入ると統合に向けた動きは目に見える形で活性化した。1985 年には域内市場白書と単一ヨーロッパ議定書が採択され，1992 年までに市場統合を完成させることが決定された。だが，ここで思わぬ事態が出現する。東欧諸国の社会主義体制の解体，いわゆる「ベルリンの壁」の崩壊である。EC は東西ドイツの統一という問題に直面することになる。統一ドイツの NATO と共同体加盟をめぐっては，ソ連やフランスなど関係諸国の思惑が錯綜したが，結局，いずれも承認された。

　1992 年 2 月に調印されたマーストリヒト条約は，大きく三つの柱か

ら構成されていた。第一の柱は EC の強化であり，通貨統合や共通した
エネルギー政策の推進などを含んでいた。また，新たに「ヨーロッパ市
民権」が導入され，加盟国の国民であれば，域内のいずれにおいても居
住可能で，基本的権利を享受できるとされた。他の二つの柱は共通外交
安保政策と司法内務協力であり，いずれも各国政府の権限を残した政府
間主義に基づくものであった。そして，この三つの柱を束ねるものとし
て，ヨーロッパ連合（EU：European Union）が設立されることになっ
たのである。

　1990 年代半ば以降，ヨーロッパ連合は旧ユーゴスラヴィア紛争に対
して有効な和平案を提示できず，能力の欠如を露呈させながらも，統合
は進展していった。1995 年にオーストリア，スウェーデン，フィンラ
ンドが正式加盟し（加盟 15 か国），さらに旧社会主義国が相次いで加盟
を申請していった。結局，この「東方への拡大」により，2004 年に 10
か国，2007 年に 2 か国，2013 年に旧ユーゴスラヴィアのクロアチアが
加盟して，EU は 28 か国から構成されることになった。また，2002 年
からは共通通貨ユーロが本格的な流通を開始した。当初は 12 か国で
あったユーロ参加国は，2015 年までに 17 か国へと増大した。

　2000 年代前半は世界経済の好況に連動してヨーロッパ経済も活況を
呈し，ユーロは為替市場で「強い通貨」となった。だが，2008 年のリー
マン・ショック以降，景気が低迷すると，ヨーロッパ統合に暗い影が差
し始めた。統合の危機は大きく三つの要素に分けることができる。一つ
は，ギリシア，スペイン，イタリアなどで顕在化した財政危機である。
ユーロへの参加条件として各国には厳格な財政規律が求められていた
が，恐慌に対処するため一時的に赤字国債が大量に発行されたことで，
信用不安を引き起こした。これにより，こうした国々はより厳しい緊縮
財政を強いられることになり，国民の不満が募っていった。

図 14 - 2　ヨーロッパ連合加盟国（2021 年現在）

　第二は，ヨーロッパ統合のさらなる深化に反対する，あるいは距離を
おこうとする政治勢力の台頭である。先の財政危機をめぐる対応にも見
られるように，統合が深まり，加盟国が増大したことにともなって，
EU によるさまざまな政治決定が自らの手の届かない遠いところで行わ
れている，という意識をもつ人々が増えた。それが既存の政治勢力に対
する批判（ポピュリズム）と結びつくことによって，EU を批判する新
たな政治勢力を生み出していった。

　第三は，移民・難民問題の深刻化である。後述するシェンゲン協定により，協定加盟国内部での人の移動の自由が保証されることになった。それは経済的な利益をもたらすとともに，人権の保障という側面ももっていたが，他方で，移民・難民が急増すると，この移動の自由がさまざまな弊害をもたらしているとみなす人々が増えていく。2015年に深刻化したシリア難民問題はそれを象徴する出来事であった。

　2020年にイギリスはEUを離脱し，加盟国は27か国となった。イギリスがEUを離脱した背景には，イギリスに固有の事情もあるが，以上のような2010年以降のEUが構造的に抱える諸問題も大きく影響したことは疑いない。

（4）シェンゲン協定と人・モノの移動の自由

　ヨーロッパ統合に向けた具体的な政策には，農業共通政策や統一通貨などが重要であるが，人の移動という観点から言及すべきであるのがシェンゲン協定である。

　ヨーロッパ統合の過程では，ローマ条約（1957年）において，共同体内部での労働者の自由移動を規定していたが，次第に対象が「労働者」から「市民」へと転換し，マーストリヒト条約（1992年）ではEU諸国の国民は原則として自由にEU域内を移動，居住できるようになった。シェンゲン協定はそれをさらに拡大し，加盟国の間の国境管理を廃止し，人とモノの移動を原則的に自由化するものである。

　シェンゲン協定（シェンゲンは協定が結ばれたルクセンブルクの基礎自治体で，独仏と国境を接している）は，1985年に独仏とベネルクス三国の5か国の間で調印され，1995年にスペイン，ポルトガル，1997年にギリシア，オーストリア，イタリアといった形で拡大を続け，2020年時点で26か国が加盟している。ただし，この26か国のうちスイス，

ノルウェー，アイスランド，リヒテンシュタインの4か国はEU非加盟国であり，他方でイギリス（その後EUを離脱したが）やアイルランドなどはこの協定に加盟していない。

　シェンゲン協定はいっさいの国境管理を廃止することで，管理に要するコストを削減するとともに，人・モノの移動の自由を保証することで，経済活動の活性化に寄与している。また，EU市民だけでなく，EU域外の人々（日本人もそのなかに含まれる）のシェンゲン空間内部の移動の自由を保証している点も画期的である。その一方で，EU域外の人々がいったんシェンゲン空間内部に入れば，その内部を自由に移動することが可能となるために，移民・難民の存在に対して否定的な立場からは，移民・難民の増大を助長している，あるいは彼らによる犯罪やテロリズムを容易にしているという批判も絶えない。また，2020年の新型コロナウイルス感染拡大に際して一時的に国境管理が復活したことが示すように，状況次第で方針が変更されてしまう脆弱さも内包しているといえる。

2.　戦後フランスの移民と移民政策

（1）戦後フランスの移民

　第二次世界大戦直後の1945年に，フランス政府は戦後復興のための労働力不足に対処するため，政令により移民公団（ONI）を設置した。イタリア政府と二国間協定を結び，30万人の移民導入を目論んだが，実際に流入した移民は10万人程度にとどまった。マーシャル・プランの受け入れにより戦後復興が本格化すると，不足する労働力を補うべく，アルジェリア人移民（当時はアルジェリアがフランス領であったために，「外国人」ではなかったが）が流入した。彼らは大半が男性で，製鉄・建設などの分野で労働者として従事した。国勢調査によると，

1954 年に 21 万人のアルジェリア出身者がフランス本土に在住していたが，単身で郷里との間を往還するという彼らの行動パターンのために，実際にフランスに移民したアルジェリア人の数ははるかに多かった。

フランス政府は 1971 年にポルトガル政府との間で協定を結び，年間 6 万 5000 人の移民をポルトガルから受け入れることにした。この協定以前からフランスに流入していた人々を含め，1975 年の国勢調査でポルトガル人は 76 万人に達し，最大の外国人集団となった。この時点では，外国人人口の 6 割をヨーロッパ諸国出身者が占めていた。そのすべてがいわゆる移民ではないにせよ，この時点でもフランス政府（あるいはフランス社会）がヨーロッパ出身の労働者の導入に固執していたことがわかる。

しかし，1980 年代に入ると，ヨーロッパ以外の地域の出身者が外国人人口の過半数を占めるようになった。1982 年にはアルジェリア人が 80 万人で最多の居住外国人となった。アルジェリアは 1962 年に独立したが，フランスとの激しい戦闘による経済的疲弊のゆえに，1968 年には一年間に 47 万人もの移民がフランスに渡った。アルジェリア以外にもチュニジア，モロッコなど北アフリカ諸国や西アフリカ諸国など，かつてフランスが植民地にしていた国々から多くの移民が到来した。

（2）フランスにおける移民の包摂と排除

ただ，フランスの場合，国籍法において出生地主義をとってきたため，両親が外国人でも，子どもがフランスで生まれれば，その子どもはフランス国籍を取得することが可能であった。その結果，フランスには両親やその祖父母のすべて，あるいはそのうちの何人かが外国人で，かつフランス国籍をもつ人々が数多く存在する。ヨーロッパ以外の地域出身の両親や祖父母をもつ人々は，フランスで生まれ育ち，フランス国籍

をもっていたとしても，社会的にしばしば「移民 immigré」として認識されてしまう。それが彼らの生活，生き方を困難なものにしていくことになる。

　1950 年代からパリ郊外など大都市近郊に「ビドンヴィル」と呼ばれるバラック集落が造られ，アルジェリア人などの移民たちが居住することを余儀なくされた。1964 年にビドンヴィル解体法が制定されたが解体は急速には進まず，郊外に形成された団地のうち，不便なものや人気のないものが移民向けの住宅として転用される形で，移民の入居が進められた。こうして移民ないしフランス国籍の移民出自の人々が集中的に居住する地区が生まれるが，1970 年代半ばからの経済不況のなかで，とくに若者を中心にこうした地区に住む人々が不満を募らせて暴動を起こす事態が頻出した。「荒れる郊外」といわれる事態である。このことが，こうした地区やそこに居住する人々に対する他地区の住民の偏見を助長するという悪循環をもたらすことになった。

　フランスは第三共和政期以来，「単一にして不可分のフランス」という理念を掲げ，「自由・平等・友愛」を前面に打ち出して国民統合を進めてきた。それゆえ，エスニシティや特定の文化に基づく集団が国家のなかで独自性を発揮することに対する拒否感を強く維持してきた。宗教に対しても，政教分離の原則のもとに，教育分野などを中心にカトリック教会との対決を通じて，宗教行為を公的領域で行うことを厳しく排除してきた。これに対し，ムスリムにとって宗教的実践は日常生活と不可分のものであり，フランスにおける政教分離の原則の厳守は受け入れがたいものであった。この両者の認識の差異が顕著に表れたのが，いわゆるスカーフ事件である。公立学校に通うムスリムの女子生徒が授業中にスカーフをして頭髪を隠していたことに対して，これを宗教行為とみなした校長がスカーフを外すように命じたものの，女子生徒たちが従わな

かったので停学処分にしたのである。この種の出来事は1980年代末から学校現場でたびたび生じることになった。

　「自由・平等・友愛」という一見すると人類の進歩にとって輝かしい理念と思われるものが，ある人たちにとってはきわめて抑圧的なものとして作動する，という皮肉な事態である。「荒れる郊外」，「スカーフ事件」，それに2000年代以降に顕在化したテロ事件（とくにフランスで生まれ育った移民出自の人々による「ホーム・グロウン・テロリズム」）は，フランス国内に移民に対する不寛容な雰囲気を醸成させていった。国民戦線（2018年に国民連合と改称）のような移民排斥を第一に掲げる政治勢力を率いる政治家が大統領選挙の決選投票に臨む状況も生まれている。そのことが移民出自の人々の生き方をますます困難なものにしている。

3．戦後（西）ドイツの移民と移民政策

（1）戦後（西）ドイツの移民

　第二次世界大戦後の西ドイツでは，東ヨーロッパで広範囲に居住していた1200万人に及ぶドイツ系の人々が追放され，その多くが西ドイツ国内に流入したため，当初はむしろ失業問題が深刻であった。しかし，マーシャル・プランに基づく高度経済成長によって，間もなく労働力不足が顕在化することになる。第一次世界大戦で植民地を喪失したドイツにとって，フランス・イギリス・オランダなどのように（旧）植民地から移民が流入するということは起こりえなかった。そこで，西ドイツ政府は移民送り出し国と二国間協定を結ぶことによって，移民を組織的・計画的に受け入れる政策を採用した。

　最初の二国間協定は1955年にイタリア政府との間で結ばれた。その後，ギリシア・スペイン（1960年），トルコ（1961年），モロッコ（1963

年），ポルトガル（1964年），チュニジア（1965年），ユーゴスラヴィア（1968年）と，次々に協定を結んだ。

　こうした二国間協定においては，西ドイツの連邦職業・失業保険所（連邦職安）が送り出し国に出張機関を設けて，そこで労働者の募集と審査を厳正に行うプロセスをとった。その一方で，西ドイツ企業が自ら必要な労働力を直接募集することを可能とするために，企業が個別に労働者に対して労働許可を与えることができるという抜け道も存在していた。

　この協定のもう一つの重要な原則は，3年間を上限として，一定の技能を修得したのちに帰国することを前提としていたという点である。労働者が定期的に入れ替わることから，ローテーション原則と呼ばれる。労働市場の状況に応じて，雇用する外国人労働者の規模を調整し，それによってドイツ人労働者の雇用や給与水準を守るために，この原則が採用された。帰国を前提としていたために，雇用されるのは単身の男性であった。また，永住を前提としていないことから，当時の西ドイツでは「移民 Einwanderer」という言葉は用いられず，「ガストアルバイター

図14-3　ガストアルバイター（西ドイツで働くトルコ人炭鉱労働者）
　〔ユニフォトプレス〕

（ゲストワーカー）」という表現が用いられた。

　さまざまな国と結ばれた二国間協定だが，イタリア・スペイン・ギリシアとの協定と比べると，当初トルコとの協定には異なる特徴があった。滞在期間が2年間に限定されていたこと，家族の呼び寄せがいっさい認められていないことなどである。ヨーロッパ諸国出身者とそれ以外の諸国の出身者との間で差別が存在していたのである。ただし，こうした差別は次第に撤廃されていったことも付け加えておくべきであろう。

　1973年の石油ショックとその後の経済不況は，ローテーション原則に大きな変更をもたらすことになった。外国人労働者の新規募集を停止する決定がなされたことで，帰国をためらう労働者が急激に増大したのである。1981年には16歳を超える子どもの呼び寄せが禁止されたにもかかわらず，むしろ実態として呼び寄せは増え続けていった。また，外国人労働者の配偶者や子どもなどの雇用も認められた。

　その結果，（西）ドイツに居住する外国人の数は増大の一途をたどる。1973年から1981年の間に外国人労働者の総数は260万人から210万人に減少したのに対して，外国人居住者の総数は397万人から463万人に増大した。外国人居住者数は東西ドイツ統一後の1991年に588万人，2001年に732万人，そして2018年には1009万人（人口全体の13パーセント）に達した。そのうち3割近くをトルコ人が占めている。この数字を見れば，ローテーション原則が失敗に終わったことは明らかである。というよりも，ローテーション原則という方法そのものが，達成不可能な政策であったというべきであろう。

（2）ドイツにおける移民の包摂と排除

　ドイツはフランスと異なり，国籍法において血統主義を採用してきたため，外国人居住者は第二世代以降も出身国の国籍を保持し続け，あく

までも外国人として扱われてきた。ただし，そのことはフランスと比べて，ドイツの移民（外国人労働者）がより大きな差別を受けてきたことを必ずしも意味しない。彼らは自らのコミュニティや生活空間を形作ることができたし，歴史的に多宗教・多宗派が共存してきたドイツ社会では，ムスリムの信仰の自由も他宗教の信仰の妨げにならない限り許容されてきた。また，ナチスの人種主義，排外主義に対する反省から，公的空間における露骨な移民（外国人）差別は抑制されてきた。ただ，移民が快く受け入れられてきたかと言えば，それは別の問題である。近年は移民・難民が激増するなかで，露骨な排外主義を唱える政治勢力も支持を伸ばしている。

　かつては移民受け入れにかんして，フランスとドイツは制度的・文化的に対照的な国家であると認識されてきた。出生地主義と血統主義，不可分な単一国家への統合と多文化共存的な統合，世俗主義と多宗教（宗派）共存などである。しかし，ヨーロッパ統合が深化するとともに，こうした二項対立的な構図は崩れつつある。国籍法については出生地主義と血統主義がミックスされるようになり，外国人に対する地方参政権の付与により政治にコミットする移民も増大している。かつて移民送り出し国であったイタリア，スペイン，ポルトガル，ギリシアが相次いで移民受け入れ国へと転換したこともあり，各国の個性は残りつつも，EU諸国（とくにマーストリヒト条約調印以前に加盟していた国々）における移民・難民問題は共通の地平の上にあると言うことができるだろう。移民・難民との共生は統合ヨーロッパに大きな問題を投げかけているが，同時にヨーロッパにさらなる多様性を付与してもいるのである。

学習課題

（1） ヨーロッパ統合とは具体的にどのようなことを指すのか，EU
（ヨーロッパ連合）の政策を通して考えてみよう。
（2） 戦後フランスの移民の流入の歴史とその特徴について，調べてみ
よう。
（3） 戦後（西）ドイツの移民（外国人労働者）政策の特質を，フラン
スの事例と比較しながら考えてみよう。

参考文献

遠藤乾『欧州複合危機——苦悩する EU，揺れる世界』中公新書，2016 年
遠藤乾編『ヨーロッパ統合史』名古屋大学出版会，2014 年
小井土彰宏編『移民政策の国際比較』明石書店，2003 年
近藤潤三『ドイツ移民問題の現代史——移民国への道程』木鐸社，2013 年
宮島喬『現代ヨーロッパと移民問題の原点—— 1970，80 年代，開かれたシティズ
　　ンシップの生成と試練』明石書店，2016 年
渡辺和行『エトランジェのフランス史——国民・移民・外国人』山川出版社，2007
　　年

15 │ 冷戦の終結とソ連の終焉

中嶋　毅

《目標＆ポイント》　東西両陣営の対立は，双方に大きな経済的負担を強いることになった。1985年にソ連共産党書記長に就任したゴルバチョフは，体制改革を目指すペレストロイカを進め，アメリカのブッシュ大統領とマルタ会談で冷戦の終結を宣言した。一方，ペレストロイカの進展と冷戦の終結は，ソ連国家の解体につながった。冷戦末期から体制転換の過程をたどりながら，人の移動と政治変動とのかかわりについて考える。
《キーワード》　新冷戦，ブレジネフ，レーガン，ゴルバチョフ，ペレストロイカ，グラスノスチ，マルタ会談，ソ連解体

1. 冷戦末期のソ連

（1）アフガン侵攻と「新冷戦」

　1979年6月，アメリカ合衆国のカーター大統領とソ連共産党のブレジネフ書記長とのあいだで，第二次戦略兵器制限交渉（SALT Ⅱ）条約が結ばれ，東西両陣営の緊張緩和（デタント）が続くかにみえた。しかしその背後では，米ソ両国内でデタントに否定的な潮流が強まりつつあり，核戦力の均衡に基づくデタントは次第に不安定さを増していった。

　1979年12月に起こったソ連のアフガニスタン侵攻は，デタントの終焉を決定づけた。78年4月に社会主義的な政権が成立したアフガニスタンでは，政権内部の抗争が次第に激化し，79年9月にクーデタによって親ソ派指導者が排除された。アフガニスタンでの影響力喪失とイ

スラム勢力拡大を懸念したソ連指導部は，同年12月に本格的な軍事介入を開始して，新たな親ソ派政権を樹立した。ソ連の介入はアフガニスタンで激しい内戦を引き起こし，長期化してソ連に重い負担を強いることになった。ソ連の軍事介入を攻撃的なものととらえたカーター政権は80年1月，SALT Ⅱの批准審議の延期を上院に要請し，穀物と高度技術機器のソ連輸出を停止する報復措置を講ずるとともに，同年に開催予定のモスクワ・オリンピックへの参加をボイコットすると宣言した。米ソの新たな緊張状態は，「新冷戦」と呼ばれた。

　一方，経済危機が進行したポーランドで1980年夏に政治体制から独立した自主的労働運動「連帯」が登場したことは，ソ連指導部をさらに悩ませた。「連帯」は短期間で幅広い支持を得てポーランド政府と交渉し，同年8月末には，独立自主管理労働組合の設立を認め経済面で労働側に譲歩する政労合意協定がグダンスクで結ばれた。民主化や分権化を求める機運に押されたポーランド統一労働者党（共産党）政権は対話を通じて対立を回避する路線を追求したが，ソ連はこの出来事を共産党支配の正統性に対する挑戦ととらえて非難した。最終的にポーランド指導部は「連帯」との対決を不可避とみて，81年12月に全土に戒厳令を敷いて大衆運動を鎮静化した。これに対してアメリカのレーガン大統領は，ポーランドの自由を抑圧したとして戒厳令を強く非難し，対ポーランド経済制裁を発動した。このことも「新冷戦」の緊張を高める要因となった。

（2）過渡期のソ連体制

　ソ連指導部の安定化を図ったブレジネフ書記長のもとで，指導者の高齢化が急速に進行し，1980年代初頭には「老人支配」と呼ばれるまでになった。ブレジネフ自身が高齢と病気のために実質的な指導力を欠い

ていたうえ，高齢のメンバーで構成された共産党政治局は，内外の困難
な課題に対処する機能を十分に果たすことができない状態になっていっ
た。また，共産党と国家の官僚人事の停滞は汚職や腐敗の温床となっ
た。

　1982 年 11 月，共産党書記長ブレジネフが 75 歳で死去した。後任の
書記長には，国家保安委員会議長であったアンドロポフが選出された。
長らく治安機関を統括していたアンドロポフは，ソ連経済の改革が必要
であることを強く認識していた。書記長就任ののち彼は，幹部の世代交
代を進めるとともに，規律の引き締めや腐敗摘発キャンペーンを実施し
た。また 83 年には，シベリアの改革派経済学者グループの改革提案が
共産党内部で検討され，経済改革の方向性も議論されるようになった。

　この間アメリカ合衆国は，ソ連を「悪の帝国」と呼ぶレーガン大統領
のもとで，戦略防衛構想（SDI）を進めるなど軍拡路線を展開してソ連
への対抗姿勢を強めた。1983 年 9 月に大韓航空機がサハリン沖でソ連
軍機に撃墜された事件は，米ソ間の相互不信のなかで生じた偶発的事件
であったが，米ソ関係をいっそう悪化させた。

　腎臓病の持病を抱えていたアンドロポフ書記長は，就任当初は精力的
な仕事ぶりを見せたものの，次第に健康状態が悪化して，1983 年には
病床から政務をとるようになった。アンドロポフのもとで農業担当書記
となっていたゴルバチョフは，彼に代わってさまざまな職務を担当し，
将来の指導者候補と目されるようになった。84 年 2 月にアンドロポフ
書記長が病没すると，若手の台頭に抵抗する年長世代の支持を得て，72
歳のチェルネンコが後継書記長に選出された。高齢の書記長は長らく肺
気腫を病んでおり，ゴルバチョフを事実上のナンバー 2 として党指導を
一部委ねたものの，積極的な政策を打ち出すことはできなかった。

2. ペレストロイカと冷戦の終結

（1） ゴルバチョフの登場とペレストロイカ

1985年3月にチェルネンコ書記長が死去すると，新たな書記長にゴルバチョフが選出された。54歳の若き指導者が引き継いだソ連は，経済的危機に瀕した軍事大国であった。ゴルバチョフはまず，規律引き締めや人事の刷新などを実施した。彼はまた，同年生まれのエリツィンを共産党中央委員会書記に抜擢し，モスクワ市党委員会第一書記のポストに就けてモスクワの改革にあたらせた。さらにゴルバチョフは，グラスノスチ（情報公開）を唱えて社会の活性化を打ち出し，経済的停滞を打破する「加速化」のスローガンを掲げた。ペレストロイカ（立て直し）という言葉も用いられたが，当初その具体的方針は定かではなかった。

ペレストロイカが明確な方向性を示す契機となったのは，1986年4月に起こったチェルノブイリ原子力発電所事故であった。事故に対する当局の対応や不十分な情報公開がソ連体制の硬直化を象徴するものととらえられて，グラスノスチ政策の拡大とともに改革の必要性が強調され始めたのである。同年7月にハバロフスクで演説したゴルバチョフは，ペレストロイカを「革命」であると述べて改革推進を打ち出した。グラスノスチ政策のもとで，新聞雑誌はソ連社会の否定的側面を率直に報道するようになり，ジャーナリスト，作家，知識人が積極的に発言し始めた。グラスノスチの一環としてソ連史の「歴史の見直し」が広がり，スターリン時代に抑圧された人々の復権も進められた。

停滞した経済の改革はなかなか進まなかったが，1987年には個人営業や外国企業との合弁企業設立も認められて，経済の活性化が追求された。さらに同年6月採択の国営企業法では，国営企業に大幅な自主性を与えて独立採算制にすることが定められた（施行は88年1月）。しかし

ソ連では物資やサービスの価格が政策的に低く据え置かれていたので，行政的経済管理から市場的契約関係への移行は商品やサービスの価格引き上げにつながった。また，経済改革は経済の効率化を追求したため，生産現場での労働強化をもたらした。そのため経済改革は，ソ連体制のなかでそれなりに順応していた一般大衆の不満を引き起こすことになった。

　改革を進めるうえでは，政治的支持の調達も必要であった。1988 年になると，ゴルバチョフ指導部に不満をもつ共産党保守勢力の抵抗が明るみに出たが，これを抑え込んだゴルバチョフは本格的に政治改革に取り組み始めた。同年末に改正された憲法は，複数候補による選挙で選出される人民代議員大会とそこで選出する常設の最高会議の設置を定めたが，これは実質的な審議が可能な代表機関の登場を意味していた。

（2）「新思考」外交と冷戦の終結

　ゴルバチョフは書記長に就任すると，長らく外相を務めたグロムイコに代えてシェワルナッゼを外相に起用し，「新思考」外交のスローガンを掲げて欧米諸国との関係改善を目指した。早くも 1985 年 7 月には，すべての核実験を一方的に停止する宣言を発表して，核軍縮に向けた意思を世界に発信した。また同年 10 月にゴルバチョフは，ソ連にとって大きな負担となっていたアフガニスタン駐留軍の撤兵問題を共産党政治局に提案し，懸案解決の道を切り開いた。アフガニスタンからのソ連軍撤兵は 87 年 7 月に正式に表明され，89 年 2 月には撤兵が完了した。

　対米関係では，1985 年 11 月と翌 86 年 10 月にレーガン大統領との米ソ首脳会談が開かれたが，SDI 問題で対立したため条約調印にはいたらなかった。しかしその後，ゴルバチョフは SDI 問題を棚上げして対米交渉を続け，87 年 12 月に訪米して中距離核戦力（INF）全廃条約に調

印した。この条約の締結は核軍縮に向けて大きく踏み出し，「新冷戦」
の終焉を画する出来事となった。88年5月にはレーガン大統領がモスク
クワを訪問し，もはやソ連を「悪の帝国」とはみなしていないと語った。

　一方，「新思考」外交のもとで，ソ連と東欧諸国との関係も大きく変
化した。1970年代のオイル・ショックによって加速した世界経済の構
造転換に立ち遅れたことは，ソ連東欧諸国の経済システムにとって共通
の課題であり，東欧諸国でも経済の停滞は深刻な問題であった。ソ連で
ゴルバチョフ政権が登場して体制改革を打ち出すと，東欧諸国では，独
自の改革を進める国々とソ連の改革の動きに抗する国々で相違が現れる
ようになった。東欧諸国の動向に対してソ連は非介入の立場をとり，88
年3月にユーゴスラヴィアを訪問したゴルバチョフは，相互不干渉や平
等原則を確認した「新ベオグラード宣
言」を発表した。これは，68年のチェ
コ事件で用いられた「制限主権論」（ブ
レジネフ・ドクトリン）の放棄と理解さ
れ，東欧諸国の改革路線を勢いづかせる
ことになった。

　1989年に入ると東欧諸国の民主化の
動きが一挙に加速した。ポーランドでは
9月に「連帯」主導の連立内閣が成立
し，複数政党制に移行したハンガリーで
は10月に政権党である社会主義労働者
党（共産党）が「社会党」に党名を変更
して，両国の一党支配体制は崩壊した。
ソ連がこうした動きを承認すると，東ド
イツでは市民の圧力を受けた政府が11

図15-1　マルタ会談
『タイム』誌1989年12月11日
号の表紙を飾った米国ブッシュ
大統領（左）とソ連ゴルバチョ
フ書記長（右）
　　〔ユニフォトプレス〕

月9日に西側への出国制限を撤廃して「ベルリンの壁」を開放し，東西冷戦の象徴であった「ベルリンの壁」は市民たちの手で破壊された。

　「東欧革命」と呼ばれるこの動きを承認したゴルバチョフは，1989年12月にアメリカのブッシュ大統領と地中海のマルタ島で会談し，共同声明を発表して冷戦の終結を確認した。これをうけて東西ドイツ統一が一挙に加速し，90年10月には西ドイツが東ドイツを編入して統一が実現した。長らくNATOと対峙したワルシャワ条約機構は非軍事化され，ソ連軍も東欧から撤退した。ヨーロッパにおける米ソ対立を象徴したドイツの分断が解消に向かった時，米ソ両国は対立を超えて新しい時代を共に歩むことが可能になったのである。

3.　ペレストロイカからソ連解体へ

（1）ペレストロイカの急進化

　1989年3月にソ連で実施された人民代議員選挙では，複数候補による競争的な選挙が実施され，各地で共産党幹部が落選した。政治的対立のため87年にモスクワ市党委員会書記を解任されていたエリツィンが，この選挙で共産党の候補に圧勝して復権を果たしたことは，新しい選挙の民主的性格を象徴的に示した。同年5月に開催された第1回人民代議員大会は全国にテレビ中継され，国民の関心を引きつけた。代議員の多数は共産党員であったが，大会では急進改革派グループが組織され，これは事実上の野党勢力として機能するようになった。

　元来ペレストロイカは，共産党書記長が主導する「社会主義体制の刷新」として始まり，「社会主義の再生」を目指すものであった。グラスノスチ政策のもとで展開された「歴史の見直し」も，当初は社会主義の原点に立ち戻る意味合いをもつものであったが，次第にその枠組みを超えてレーニン評価やロシア革命自体の再検討にまでいたるようになっ

た。また，1989年後半に脱社会主義化が一挙に進んだ「東欧革命」を
契機にソ連の政治情勢も急進化が進み，経済状況の急速な悪化も相まっ
て，共産党支配そのものを相対化する主張も強まった。一方，急進改革
派と保守派との対立も高まり，ゴルバチョフ指導部は急進改革派と保守
派との間で難しい舵取りを強いられた。

　急速に進む民主化のなかで1990年3月に開催された第3回人民代議
員大会は，共産党の指導的役割を定めた憲法第6条を改正して，複数政
党制を承認した。これと同時に直接選挙による大統領制が導入され，国
家制度が大きく変更された。ただし初代大統領は人民代議員大会での選
出によるとされて，ゴルバチョフが大統領に選ばれた。これ以後ゴルバ
チョフは，共産党書記長としてよりもむしろソ連邦大統領として国家を
指導していくが，このことは共産党の権威の低下を促進した。しかし大
統領権力の基盤は脆弱で，実行力に乏しいものであった。

　1990年には，連邦を構成する各共和国の人民代議員選挙も実施され，
各共和国で新たな議会と新たな政府が登場した。共和国の新政権は自由
選挙による共和国民の支持を基礎としたのに対し，連邦大統領の正統性
は十分なものではなかった。3月に選挙が行われて5月に人民代議員大
会が開催されたロシア共和国では，最高会議議長にエリツィンが選ばれ
た。こののち連邦政府とロシア共和国政府は対立と協調の間を行き来し
たが，そのなかで次第にロシア共和国は自立化していった。

　この間，経済の混乱と物資不足は深刻さを増していた。これに対処す
べく，ゴルバチョフはエリツィンとともに市場経済への移行を目指す大
胆な経済改革案の作成を追求した。しかしこれには連邦政府からの抵抗
が強く，結局ゴルバチョフはより穏健な改革案を採用した。この折衷的
な市場経済化計画の採用は，経済状態の改善をもたらすことがなかった
だけでなく，ロシア共和国の連邦からの離反を促すことにつながった。

（２）ソ連邦の解体

　ペレストロイカはソ連を構成する共和国の諸民族を刺激し，各地で民族運動が高まった。1939 年の独ソ不可侵条約の秘密議定書に基づいて 40 年にソ連に事実上併合されたバルト三国では，「歴史の見直し」を進めるペレストロイカを支持する「人民戦線」組織が 1988 年に登場し，これが民族運動の活動主体となった。この人民戦線運動は民衆レベルから共和国指導部層にも波及し，バルト三国は連携して自立化運動を進めるにいたった。この動きで先行したエストニアは早くも 88 年 11 月に共和国の主権を宣言し，こののち連邦構成共和国の主権宣言が続いた。90 年 3 月には，共和国人民代議員選挙を通じて成立した新たなリトアニア最高会議が独立宣言を採択し，ラトビアとエストニアもこれに続いた。

　一方，ロシア共和国は 1990 年 6 月に主権宣言を採択し，共和国の法律が連邦法に優位すると主張して独自の決定を次々に採択した。この動きは他の共和国にも波及し，連邦と共和国との関係を規定しなおして連邦を再編することが不可欠となった。ゴルバチョフは共和国との提携を図るべく新たな連邦条約の作成に向けて動き出したが，国家秩序の崩壊を危惧する連邦維持派の抵抗にあった。

　1991 年 3 月に行われた連邦維持にかんする国民投票は，独立志向の 6 共和国がボイコットしたものの，残りの共和国では連邦維持の意見が圧倒的多数を占めた。これと同時にロシア共和国では大統領制導入の可否を問う国民投票が行われて可決され，同年 6 月に行われたロシア共和国大統領選挙でエリツィンが共和国大統領に選出された。これをうけてゴルバチョフは，エリツィンと提携しつつ新たな連邦の枠組みを模索し，共和国に大幅に譲歩した新連邦条約案が作成された。新連邦条約の調印は 8 月 20 日に予定された。

　この動きに強い危機感を抱いた連邦政府の要人たちが，休暇中のゴル

バチョフを拘束し，8 月 19 日に非常事態国家委員会を組織して権力掌
握を宣言するクーデタを決行した。しかしエリツィンとロシア共和国政
府はこれに激しく抵抗し，モスクワ市民も共和国政府を支援したため，
連邦政府要人によるクーデタはわずか 3 日で失敗に終わった。エリツィ
ンは共産党の活動を一時停止するロシア共和国大統領令を発し，連邦大
統領職に復帰したゴルバチョフも共産党書記長を辞任して，党中央委員
会の自己解散を求める声明を出した。その後，11 月のエリツィン大統
領令によって共産党は解散させられた。これに先立つ 9 月には，連邦大
統領ゴルバチョフと各共和国首脳から構成されるソ連邦国家評議会が設
立され，同評議会は 9 月 6 日にバルト三国の独立を正式に承認した。
　「八月政変」後に設置された連邦国家評議会に見られるように，連邦
の国家機関は共和国代表による管理機関に変化し，モスクワの統制能力
は急速に低下した。ゴルバチョフは連邦再編を目指して，主権国家によ
り構成される同盟国家としての連邦（主権国家同盟）の創設案を進めた
が，最終的にエリツィンと対立し，ウクライナ共和国も独立に向かった。
　主権国家による新たな同盟国家構想は，1991 年 12 月 8 日にロシア，

ウクライナ，ベラルーシ 3 共和国首脳がソ連解体と独立国家共同体
（CIS）結成を宣言したことによって，決定的な打撃を受けた。このの
ち連邦解体の動きが一挙に進み，12 月 21 日には 11 共和国代表が主権
国家の緩やかな連合体としての CIS 結成に正式に合意した。ゴルバチョ
フはこれを受け入れ，12 月 25 日にソ連邦大統領辞任を表明し，69 年に
及んだソヴィエト連邦の歴史は幕を閉じた。

4.　人の移動と冷戦終結

（1）ソ連からのユダヤ人の出国動向

　1980 年代に入ると，ソ連からのユダヤ人の出国に大きな変化が見られ
た。1971 年から 80 年までの出国者数は年平均で約 2 万 4600 人であった
のに対し（表 13-1，211 頁参照），81 年からペレストロイカが本格化す
る 86 年までの出国者数は年平均で約 2700 人と激減し，レーガン大統領
がソ連を「悪の帝国」と呼んだ 83 年から 86 年では年平均出国者は
1000 人をわずかに上回るだけであった（表 15-1 参照）。これは出国希
望者が減少したためではなく，出国手続きに大幅な制限が課されたため
であった。その結果，出国ヴィザを申請しながら拒否された「レフュー
ズニキ」と呼ばれるユダヤ人が大量に発生し，彼らの間に大きな不満を
生み出すことになった。

　この変化は一見すると，1979 年 12 月のアフガニスタン侵攻を契機に
始まった米ソ間の「新冷戦」状況に起因しているようにもみえる。しか
し実際には，出国査証発給数は早くも 79 年 11 月に減少し始めていた。
査証発給数の減少をもたらしたのは，ソ連経済の停滞の深刻化と政治指
導部の高齢化による政治的不確実性の高まりのなかで起こった，ソ連ユ
ダヤ人に対する圧迫強化への方針転換であったと考えられている。ユダ
ヤ人出国者数の変化の要因は，70 年代のそれと同様に，ソ連を取り巻

表 15 - 1　ソ連ユダヤ人の出国者数（単位：人）

年	移住者数（人）	年	移住者数（人）
1979	51,320	1987	8,155
1980	21,471	1988	18,965
1981	9,447	1989	71,196
1982	2,688	1990	205,000
1983	1,314	1991	195,000
1984	896	1992	123,000
1985	1,140	1993	127,000
1986	914	1994	116,000

出典：Salitan,L.P., *Politics and Nationality in Contemporary Soviet-Jewish Emigration, 1968-89* (London, 1992), p.108; *The YIVO Encyclopedia of Jews in Eastern Europe* (Yale University Press, 2008), p.1439 (1990-1994年).

く国際環境の変化というよりも，ソ連の国内事情によるものであった。
　このことは，ゴルバチョフ登場後のソ連からのユダヤ人出国者数の変化についてもあてはまる。表15-1に見られるように，ソ連から出国したユダヤ人数は1987年に急増し，1990年に最大数を示してその後は減少している。ゴルバチョフがペレストロイカを本格的に始動した86年にはまだゴルバチョフ以前の政策が続いており，国外移住にかんする法令が改正されたのは87年1月に入ってからであった。さらに87年に出国したユダヤ人全体の77パーセントはそれ以前に移住申請を拒否されたレフューズニキであったことから，87年の出国拡大策は70年代の不満分子排除策への転換であったと考えられる。一方，88年にはユダヤ人出国者に占めるレフューズニキの占める比率は50パーセント弱と低下していることから，多数の新規移住申請者が一挙に出国可能となった事実は，この段階でユダヤ人出国策に変更があったことを示唆している。

　1988 年にソ連で本格的に経済改革が始動し，実施された改革が経済
状況の改善をもたらすよりも短期的にはむしろその悪化を招いたこと
は，経済的展望に期待をもてなくなったソ連ユダヤ人に出国を促す契機
となった。さらにグラスノスチ政策のもとで人々の言論空間が拡大する
とともに，経済的困難と結びついた反ユダヤ主義的潮流が拡大すること
を警戒して，さらに多数のユダヤ人が出国を選択するようになったので
ある。1990 年にユダヤ人出国者数が最大になったのは，前年に冷戦終
結が宣言されて米ソ関係が改善されたためではなく，ユダヤ人を取り巻
くソ連国内の環境の変化に起因するものであった。

（2）東ドイツからの移住と政治変動

　一方，東ドイツからの出国者の動向は，ソ連東欧諸国をめぐる国際環
境の変化と連動していた。ソ連と同様に 1970 年代後半には経済的苦境
に陥っていた東ドイツでも，80 年代に入って経済の行き詰まりが深刻
さを増していた。供給が需要に追いつかない不足経済のなかで，人々は
体制に対する不満を強めていた。しかし東ドイツでは，ブレジネフ時代
以来の指導者ホーネッカー国家評議会議長が，ソ連の改革とは距離をお
いてペレストロイカの影響が東ドイツに及ぶことを拒否していた。

　東ドイツの体制に不満を抱く人々の絶望感は，西ドイツへの出国申請
数の増加となって表れ，1988 年末にはその数は 11 万人を超えるまでに
なった。移住希望者の出国申請のほとんどは却下されたが，それでも重
ねて申請する人々があとを絶たなかったという。80 年代ソ連のレフュー
ズニキ同様，申請拒否にあった人々は体制への不満を蓄積させていっ
た。

　他方で，東ドイツでもソ連の改革の刺激を受けて，さまざまな国内問
題の解決を体制側に求める反対派の運動が活発化した。次第に変化する

東ドイツ社会の状況に対して，政権党である社会主義統一党指導部はほとんど危機意識をもたず，人々の不満や反対派の運動を抑え込んだ。体制側の抑圧的措置は，改革を望む人々に閉塞感をもたらし，東ドイツからの脱出を望む人々がさらに増加した。

　こうしたなかで1989年5月，ハンガリーとオーストリアの国境を隔てる有刺鉄線の撤去が始まった。体制改革で先行していたハンガリーでは前年に国外旅行が自由化されており，ハンガリー政府は西部国境維持の経済的負担を軽減するため，89年1月に国境柵撤去を予告していたのである。またハンガリー政府は，隣国ルーマニアからの難民保護に対する国際連合の支援を得るため，同年3月に国連難民条約に加盟していた。西側への脱出を目指す東ドイツ市民はこの報道をうけて，旅行が可能だったハンガリーに移動した。ハンガリー当局は東ドイツ市民の不法越境を黙認し，オーストリアも彼らの西ドイツ逃亡を黙認した。同年夏には夏期休暇を利用して多数の東ドイツ市民がハンガリーに押し寄せ，ハンガリーに滞在する東ドイツ市民は20万人規模に達した。ついに9月，ハンガリー当局が東ドイツ市民のために国境を開放した。これに対して東ドイツ政府は10月，ハンガリーへの経路となるチェコスロヴァキアとの間の査証免除協定を停止し，自国民の出国の道を閉ざした。

　国内に封じ込められた東ドイツ市民の不満は反体制運動と結びつき，大規模な反体制デモに発展した。これを抑えることができなくなった社会主義統一党は，10月17日の政治局会議でホーネッカー解任を決議し，翌18日にホーネッカーは正式に退陣した。こうして東ドイツでは，市民の出国の波が急激な体制転換の動きへとつながっていったのである。

学習課題

（1）　1980 年代初頭の「新冷戦」状況のなかで，どのような出来事が世界で起こっていたのかを調べてみよう。

（2）　冷戦はどのような状況のなかで終結にいたったのか，考えてみよう。

（3）　ゴルバチョフの進めたペレストロイカが，最終的にソ連解体にいたった要因について考えてみよう。

参考文献

河合伸晴『物語 東ドイツの歴史——分断国家の挑戦と挫折』中公新書，2020 年

木戸蓊『激動の東欧史——戦後政権崩壊の背景』中公新書，1990 年

塩川伸明『国家の構築と解体——多民族国家ソ連の興亡 II』岩波書店，2007 年

マイケル・ドックリル，マイケル・ホプキンズ『冷戦 1945-1991』（伊藤裕子訳）岩波書店，2009 年

三浦元博・山崎博康『東欧革命——権力の内側で何が起きたか』岩波新書，1992 年

索引

●配列は五十音順，＊は人名を示す。

252

分担執筆者紹介

（執筆の章順）

前田　更子 （まえだ・のぶこ）
・執筆章→2

1973 年　東京都に生まれる
1996 年　東京女子大学文理学部卒業
2005 年　東京都立大学大学院人文科学研究科博士課程修了，博士号
　　　　（史学）取得
現在　　明治大学政治経済学部教授
専攻　　フランス近現代史
主な著書　『私立学校からみる近代フランス──19 世紀リヨンのエ
　　　　リート教育』（昭和堂，2009 年）
　　　　『近代ヨーロッパとキリスト教──カトリシズムの社会史』
　　　　（共編著，勁草書房，2016 年）
　　　　『新しく学ぶフランス史』（共著，ミネルヴァ書房，2019
　　　　年）

西山　暁義 （にしやま・あきよし）
・執筆章→5・9・11

1969 年　神奈川県に生まれる
1991 年　東京大学文学部卒業
2000 年　東京大学大学院人文社会系研究科博士課程修了
2003 年　博士号（文学）取得
現在　　共立女子大学国際学部教授
専攻　　ヨーロッパ近現代史
主な著書　『越境する歴史認識──ヨーロッパにおける「公共史」の
　　　　試み』（共著，岩波書店，2018 年）

後藤　春美 （ごとう・はるみ）

・執筆章→7

1960 年	東京都に生まれる
1982 年	東京大学文学部卒業
1987 年	東京大学大学院総合文化研究科修士課程修了（学術修士）
1994 年	オクスフォード大学大学院博士課程修了（DPhil）
現在	東京大学大学院総合文化研究科・教養学部教授
専攻	国際関係史，イギリス現代史
主な著書	*The League of Nations and the East Asian Imperial Order, 1920-1946*（Palgrave Macmillan, 2020）.
	『国際主義との格闘』（中央公論新社，2016 年）
	『上海をめぐる日英関係　1925-1932 年』（東京大学出版会，2006 年）
	『アヘンとイギリス帝国』（山川出版社，2005 年）
	Japan and Britain in Shanghai, 1925-31（Macmillan, 1995）.

編著者紹介

北村　暁夫（きたむら・あけお）
　　　　　　　　　　　　　　　　　・執筆章→1・3・4・6・8・14

1959 年	東京都に生まれる
1982 年	東京大学文学部卒業
1986 年	東京大学大学院人文科学研究科博士課程中退
現在	日本女子大学文学部教授
専攻	イタリア近現代史・ヨーロッパ移民史
主な著書	『ナポリのマラドーナ──イタリアにおける「南」とは何か』（山川出版社，2005 年）
	『千のイタリア──多様と豊穣の時代』（NHK 出版，2010年）
	『イタリア史 10 講』（岩波新書，2019 年）
	『近代ヨーロッパと人の移動──植民地・労働・家族・強制』（共編著，山川出版社，2020 年）

中嶋　毅（なかしま・たけし）
　　　　　　　　　　　　　　　　　・執筆章→1・10・12・13・15

1960 年	富山県に生まれる
1983 年	東京大学文学部卒業
1992 年	東京大学大学院総合文化研究科博士課程単位取得退学
1995 年	博士（学術）（東京大学）
現在	東京都立大学人文社会学部教授
専攻	ロシア近現代史・在外ロシア史
主な著書	『テクノクラートと革命権力──ソヴィエト技術政策史 1917 – 1929』（岩波書店，1999 年）
	『スターリン──超大国ソ連の独裁者』（山川出版社，2017年）
	『新史料で読むロシア史』（編著，山川出版社，2013 年）

放送大学教材　1559273-1-2211（テレビ）

近現代ヨーロッパの歴史
―人の移動から見る―

発　行　　2022 年 3 月 20 日　第 1 刷

編著者　　北村暁夫・中嶋　毅

発行所　　一般財団法人　放送大学教育振興会
　　　　　〒 105-0001　東京都港区虎ノ門 1-14-1　郵政福祉琴平ビル
　　　　　電話　03（3502）2750

Printed in Japan　ISBN978-4-595-32323-2　C1322